気になる子どもと親への保育支援

小川英彦 編著

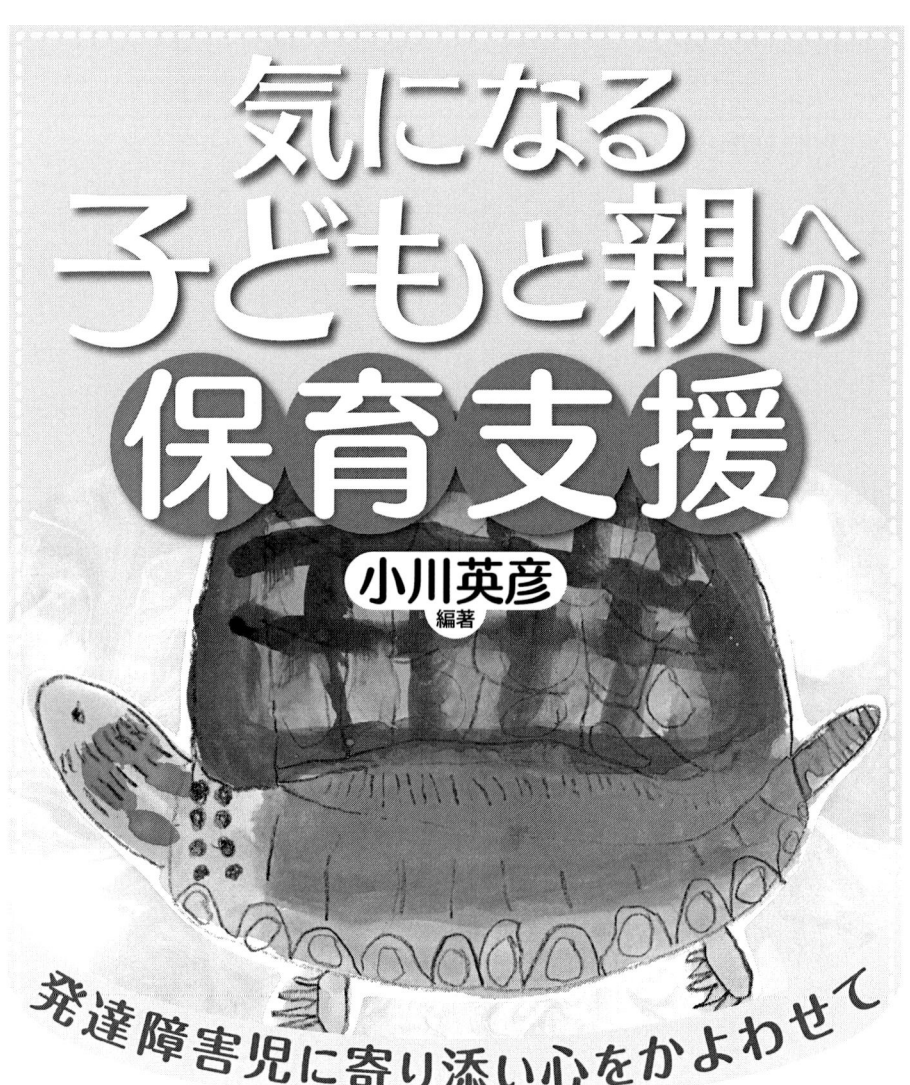

発達障害児に寄り添い心をかよわせて

福村出版

Ⓡ〈日本複写権センター委託出版物〉
本書を無断で複写複製（コピー）することは、著作権法上の例外を除き、禁じられています。本書をコピーされる場合は、事前に日本複写権センター（JRRC）の許諾を受けてください。
JRRC〈http://www.jrrc.or.jp　eメール：info@jrrc.or.jp　電話：03-3401-2382〉

 **まえがき**

　今日,保育所や幼稚園,そして通園施設などの障害児保育の実践が教育と福祉の場において全国各地で広まってきています。

　さらに,文部科学省からの「特別支援教育」といった新たな制度が2007年4月よりスタートして,「幼児」「児童」「生徒」と通知に表記されているように幼児期から学齢期そして青年期までのライフステージの視点からの支援が重要視されています。この制度的転換は,それまでの「特殊教育」とは異なり,発達障害幼児への支援を多面的に推進しようとするものであり,今後その推進に大いに期待されます。

　加えて,保育所保育指針と幼稚園教育要領が2008年に同時に告示され,これからの障害児保育の方向性が指摘されました。このなかで,地域での連携,移行の充実が力説されています。この保育指針と教育要領の記載事項にはかなり共通することがみられます。たとえば,集団と個別の指導・援助について,個別の指導計画,幼保小の連携,家庭や関係機関との連携などがこれに相当します。

　ところで,障害児保育の今日までの歩みをふりかえりますと,大きな転換期があったことに気づかされます。それは1974年に厚生省（現:厚生労働省）が「障害児保育事業実施要綱」を定め,障害児保育が制度化されたことです。そこでは,軽度という限定はあったものの,障害のある幼児の受け入れが公に認められていった点で画期的な意義がありました。それから30年余の月日が経過するなかで,保育所や幼稚園での統合保育,通園施設や特別支援学校幼稚部での分離保育といったように障害児保育の形態は多様に発展してきました。これら統合保育にしても分離保育にしても,それぞれに専門性があるゆえに,可能な限り障害のある幼児の実態に応じた指導・援助を進めその子の発達を保障してきています。そして,今日ではインクルージョン保育の新たな形態も言われるようになってきています。

　昨今での園における対象児に注目しますと,保育所や幼稚園では「気になる子ども」と称され,障害の診断がつきにくいグレイゾーンの子（境界線児）,軽度発達障害幼児の指導・援助がクローズアップされつつあります。これらの子ども

のなかには，LD（学習障害），ADHD（注意欠陥多動性障害），AS（アスペルガー症候群）などの障害のある幼児が含まれています。このような軽度発達障害は，すべての子どもの6.3％を占めると言われますが，その実態からして知的機能が遅れていないゆえ統合保育の場での対象になっているのです。一方，分離保育の場では，自閉症の障害が多く占めるようになるなど，障害の重度化が叫ばれています。以上のような新たな実践上の課題をもって，日々各自治体の園では子どもたちの最善の利益を保障しようとたいへんな努力がなされています。

　園ではこうした今日的な実践課題を解決するために，障害幼児に関する研修を企画したり，事例検討会をもったりして障害のある幼児の理解と指導・援助を進展させようとしています。

　さらに，子育て支援が叫ばれているなかで，発達障害幼児をもつ親たちのたいへんさは健常児の親たちに比べれば，いわば「二重」のたいへんさをもっていると理解できます。それゆえに，早急な支援がされなければなりません。

　本書は，以上のような時代の要請に応えるために，新しい内容を精選して章立てを考えてみました。ここでは，多様な障害の種類のなかで，園に比較的多くみられる「発達障害」を念頭に置いて述べています。第1部は理論編に，第2部は実践編に，第3部はQ＆Aにして組み立ててあります。

　本書の試みが，障害のある幼児のかけがえのない発達と親の子育て支援につながること，園全体での支援体制の充実と保育者の力量アップになることが筆者の願いであります。「連携」が叫ばれる昨今のなかで，本書もその一助になれば幸いと考えています。

編者　小川英彦

目　次

まえがき　3

第1部　理論編　7

第1章　障害児保育の今日的な理念　8
■コラム1「遊びが主導的活動」　12
第2章　障害児保育における生活　13
■コラム2「気になる行動はサイン」　17
第3章　軽度発達障害幼児の理解と指導・援助　18
■コラム3「個別の指導計画」　23
第4章　障害児保育における指導の形態　24
■コラム4「乳幼児期の地域支援」　26
第5章　障害児保育の事例研究と実践記録　27
■コラム5「自立について」　35
第6章　障害幼児の親支援　36
■コラム6「ノーマライゼーション」　45

第2部　実践編　47

1　ダウン症児Ｋちゃんとの出会い　48
2　集団のなかでの個別的な支援を求めて
　　―広汎性発達障害のＹ君とともに―　56
3　教師集団で力を合わせる取り組み　Ｔ君と一緒に大きくなった先生たち
　　―自閉症のＴ君と過ごした3年間―　64

4 自分のことが自分でできるきっかけになった年中児の合宿
　　　―自閉症児のＣ君の取り組み― 76
 5 自閉症児Ｆ君の仲間とともに送った保育所生活 86
 6 排泄の自立から，人間関係の広がりへ
　　　―母親と共にＥ君の育ちにかかわって― 98
 7 大人との一対一の関係づくりにたちかえって 111
 8 地域での連携と母子支援 123
　　■コラム7「自閉症（自閉症スペクトラム）」 137

第3部　育てづらさをもつ保護者へのＱ＆Ａ 139

第1章　はじめに　―子育て中の保護者に向けて― 140
第2章　基本的生活習慣に関するＱ＆Ａ 144
第3章　言葉に関するＱ＆Ａ 160
第4章　運動に関するＱ＆Ａ 172
第5章　遊びに関するＱ＆Ａ 178
第6章　家庭において気になる行動に関するＱ＆Ａ 188
第7章　園生活に関するＱ＆Ａ 196
第8章　進路に関するＱ＆Ａ 208
第9章　家庭環境に関するＱ＆Ａ 214
　　■コラム8「親や家族を理解するために」 218

おわりに 219

本文中のイラストは至学館大学附属幼稚園の子どもたちの作品です。本文とイラストは関係ありません。

第 1 部
理論編

「太陽をとろうとしているボク」4歳

第 1 章
障害児保育の今日的な理念

1 節　障害児保育の意義

1. 障害児の理解

　第一に，障害児を，「障害」「発達」「生活」の3つの視点から理解することが大切であることは，これまでの障害児保育実践の積み重ねのなかで確認されています。保育者にとって，眼前の障害児を指導・援助する際，健常児であろうと障害児であろうと，まず同じ人間として，発達しつつある存在としてとらえることが重要です。特に，発達を固定的・限定的にとらえるのではなく，発達の可能性があることをその保育観では根底的に求められます。発達の可能態としての子ども観です。

　一例として，発達障害の1つである知的障害をめぐっては，発達の過程における質的転換期（1.5歳，4歳，9歳の発達の壁）で，つまずいている状態として理解することができます。それゆえにその壁を乗り越えるには健常児に比べると時間を要することがありますが，けっして発達の道筋は健常児と変わるものではありません。質的転換期（発達の壁）は，ある意味では飛躍台ともとらえられ，壁を突破することで新しい次の世界の獲得へとつながっていくものです。

　また，気になる行動の軽減・変化は諸能力の獲得との関係（障害と発達の相関性）によって理解できます。たとえば，保育者や他児との対人関係が一歩ずつ築けることで言葉を身につけたり，遊びが広がったりします。ここには自分の要求・願いを言葉にのせて伝達しようとする姿があります。

　園での事例検討会では，このように発達していくことで自閉症スペクトラムの臨床的特徴の1つであるこだわりが減少してきたと報告されることがあります。これは，人間の諸能力が織り交ざっていて，諸能力がついてくることで，気になる行動が軽減・変化していくことが確認されていることになります。

発達障害という概念がありますが，これは，数種類の障害を，またいくつかの発達上のつまずきを包括する概念であることを再確認しておきたいと思います。発達障害については，「発達の途上において，何かの原因によって，発達の特定の領域に，社会的な適応上の問題を起こす状態」と理解できるのではないでしょうか。保育や教育では，「○○の力を培う」ということにねらいがあるわけですから，この発達の特定の領域に着目する必要が大いにあります。たとえば，知的障害は認知の発達に，自閉症スペクトラムは社会性の発達に，学習障害は学習能力の発達に，注意欠陥多動性障害は注意力・行動コントロールの発達に，発達性言語障害は言語能力の発達に，発達性協調運動障害は手指の操作性の発達に，脳性マヒは運動の発達に，反応性愛着障害は愛着形成と情動コントロールの発達に，それぞれ遅れが見出されます。ここでは，新しい動向として，被虐待児における発達障害がみられるように，反応性愛着障害を発達障害の1つとして理解していくことにします。生活の視点とは，その子の生育史や日々の家族のたいへんさ・苦労との関係，地域の社会資源など生活の時空間とのかかわりでとらえることになります。

　第二に，権利行使の主体としての視点から理解することが大切です。1989年に国連総会で「子どもの権利条約」が採択され，わが国は1994年に批准しました。同条約第23条では障害児の権利について取り上げられています。ここでは，尊厳と社会参加の確保，特別なケアへの権利，その権利を保障するための具体的な方法が述べられていますが，最善の利益を保障するために，これからの障害児保育においては同条約が示す子ども観に立ち，進められなければならないといえます。さらに，2006年には国連において「障害者の権利に関する条約」が採択されました。その前文には「発達を最大化する方向で」と提起されており，障害のある人の基本的人権を促進・保護すること，固有の尊厳を促進することを目的とする国際的原則に特徴をみることができます。

2. 健常児との育ちあい

　統合という概念は「Ａ＋Ｂ」であって，園でいうと健常児と障害児がともに育っていくことを意味します。

　統合の中身について，ある園での次の保育場面から考えてみます。

クラスの子どもたちが，草花を育てている畑に水をやりに行くところです。Aちゃんは障害児です。

　◎ひとりの子が援助しようと声をかけました。
「Aちゃん，くつをはかせてあげよう」
すると，そばにいた別の子が，
「あかん，手伝ったらあかん。Aちゃんは自分でくつがはけるの」
と，手伝おうとするのを止めさせました。

　◎次に水をやる場面です。
「Aちゃん，このジョーロ持てるか，重くて無理か，持ってみて」
Aちゃんは，やっと持てたジョーロで水をやります。
「Aちゃん，こっちの方にも水をやって。Aちゃんのはここだから」

　この場面では健常児との育ちで，①障害児を含め一人ひとりの自主・自立を尊重する関係がみられます。②Aちゃんが難しいところは教えたり援助したりする子ども同士のつながりができている。つまり，ひとりでできることにまで手を出さないということです。
　以上のようにこの場面から，障害児をしっかり受けとめられる集団づくりが統合の中身であるということが言えるのではないでしょうか。けっして健常児の保育に障害児を合わせようとするのではなく，子どもたちみんなに合った保育がなされていると考えられます。

2節　障害児保育の方向性

1. 特別支援教育の進行のなかで

　2007年4月から，わが国において特別支援教育が実施されました。ここでは，それまで特殊教育と称して対象としてきた子どもに加えて，軽度発達障害児への支援も併せて行うこと，幼児・児童・生徒といった文言が述べられているように，これらの時期の移行をふまえてライフステージの観点からの支援を

行うこと，コーディネータを中心にその保育・教育を推進していくこと，校内（園内）委員会を設置すること，個別の指導計画や個別の支援計画を作成すること，巡回指導や研修などで専門家との共同をはかることなどが特徴になっています。こうした時流のなかで，今後の障害児保育は進んでいくものと考えられます。

2. 保育所保育指針と幼稚園教育要領の告示のなかで

両者は，2008年に告示されましたが，保育指針の第4章と教育要領の第3章を比較してみますと，いくつかの項目が共通していることに気づかされます。それは，①障害の状態，②一人ひとりの，③計画を個別に作成する，④指導計画を柔軟に，指導内容や指導方法を工夫し，⑤他の子どもとの生活を通して，共に集団のなかで生活する，⑥職員の連携体制のなか，組織的に，⑦家庭や関係機関と連携する，となっています。

3. インクルージョン保育を求めるなかで

障害児の保育・教育と通常の保育・教育の制度的な一体化を意味する用語としてインテグレーション（integration）がありました。同語は，障害児と健常児の共同学習や交流活動の促進の意味で使われ，その理念の典型としては，アメリカの「全障害児教育法」(1975年) と，イギリスの「ウォーノック報告」(1978年) があげられます。

ところが，1990年代になって，それらの用語に代わってインクルージョン（inclusion）が使われるようになってきました。1994年のサラマンカ宣言は特別なニーズ教育とインクルージョンの推進を打ち出したことで知られます。ここでは，統合は障害の程度で判断されるのではなく，個別のニーズと保育・教育のサポートの関係で決められるとしています。つまり，医学的な障害概念からニーズという概念で子どもを把握する考えへの転換であるという理解の仕方ができます。

すべての子どもの保育・教育に対する権利をうたいあげながら，いろいろな理由で保育・教育の場に参加が排除されている子どもを特別な教育的ニーズのある子どもとして把握し，こうした子どもたちを包み込む保育・教育のシステ

第1部　理論編

ムをインクルージョンとして，改革の必要性を提起したのです。

　わが国の園での現状を見まわしますと，障害児のほかに，診断はついていないが気になる子（グレイゾーンの子），外国籍の子，情緒不安の子，病弱の子，虐待にあっている子，貧困家庭の子，ひとり親の子など，さまざまなニーズをかかえている子どもたちがいます。こうした現実を解決するためにも制度的改善と併せてインクルージョン保育へと進んでいくことが今後の方向性です。

遊びが主導的活動

　知的障害幼児の発達上における遊びは，基本的には健常児と変わるものではありません。子どもたちは，遊びを通して外界に対する興味や関心を膨らませ，手指，全身，諸感覚を駆使してさまざまな対象に働きかけていきます。さらに，道具を使って働きかけることもあります。

　ところで，知的障害のある幼児の場合，一次障害があることから，諸能力の発達上の遅れや歪みを生じることがあります。しかも，発達への貧しい状況に置かれることもまれではありません。たとえば，家庭という限られた空間，母親だけを相手にした人間関係といった例があげられましょう。こうした状況が，一段と遊びを制約することになります。つまり，発達の主導的役割を果たすべき遊びが，きわめて弱々しくなっているといえます。

　こうした事態にならないためにも，園の活動の中心に遊びを意図的・積極的に取り入れて，知的障害の軽減と諸能力の形成をはかっていくことが求められます。また，ボランティアなどの協力を得て地域の遊び場にできるだけ出かけ，生活空間を広げることが重要になってくると考えられます。

第2章
障害児保育における生活

　子どもたちの発達を保障していくには，生活との関連を問わなければなりません。保育実践ではこれまでも「生きる力」「生活力」の形成が子どもに培う力として強調されてきました。

　今日では子どもたちを取り巻く生活環境がかなり変化し，親にとって「子育てがしにくい」，子どもにとって「育ちにくい」環境へとなりつつあります。こうした社会の変化だからこそ，これからの保育においては，生活と結びついたカリキュラムづくりという視点がいっそう重要視されなければならないと思われます。この点は障害の有無にかかわらずすべての子どもたちに追求されるべきといえるのではないでしょうか。

　ここでは，発達障害のある幼児を念頭において，健康で人間らしい生活を営み，一人ひとりが能力を獲得する基盤として，発達障害幼児の発達をいっそうはかるために，園での「生活リズムや基本的生活習慣」に重きをおいた保育の内容・方法の一端について述べていきます。

1節　生活リズムと基本的生活習慣

　生活リズムとはどのようにとらえたらよいでしょうか。この点について次の例から考えてみます。たとえば，「朝食を食べずに園へ行く」という問題は，時間の順序からいえば，生活リズムの乱れであり，食べていかないという内容からいえば，生活のけじめの欠如ともいえます。ですから，前者の観点からは，時間に関係のある慣習を生活リズムと理解することができます。また，基本的生活習慣については，朝の時間帯を例にすれば，衣服の着脱，食事，排泄，洗顔などがみられます。つまり，日々の日常生活を行っていく上で不可欠な諸行動といってもいいものです。

こうした生活リズムや基本的生活習慣を幼児期に確立しづらいのが知的障害のある幼児の実情でもあります。たとえば，昼夜の逆転現象とか，4歳の質的転換期（発達の壁）が乗り越えられず，排泄などが未確立といった実態が園ではよく報告されます。知的障害の定義として，知的機能が平均より遅れ，そのために適応行動が困難であるとされますが，適応行動の困難性はまさしく基本的生活習慣の未確立と換言できるのです。

2節　生活の構造的理解

1. 生活の時空間

　障害児保育実践の長年の蓄積のなかで，たとえどんなに障害が重くても，その子どもの発達は全生活のなかで達成されていくものであることが確認されてきています。障害児の一日の生活リズムがいかなる時間の広がりのなかで展開されているのかを考えてみると，生活の場の充実（豊かな生活の場）ということが大きなポイントになってくると考えられます。

　障害幼児の生活における毎日の時間・空間・仲間（三間）の窮乏化は生活の単調であって，二次的障害も含めて発達の貧しさをまねきます。障害幼児にとって生活全体が発達促進の場であることから，基礎的な生活の場をベースにそれぞれの生活環境が整備され連携していくことが望ましいことになります。

　バリアフリーという考えは，幼児期の生活環境上の整備にもつながると思われます。障害はひとりの個人だけに帰属するだけのものではなく，生活環境とのかかわりで理解できるのです。環境が整うことで生活上の不自由さが軽減されることの意味を再確認したいものです。園で，階段に手すりを設置したり，トイレに必ず洋式便器を置いたりすることなどが考えられましょう。

2. 生活内容

　子どもたちの発達は，主体的・能動的な活動によって獲得されるものであるということはいうまでもありません。つまり，生活の場においてどのような生活内容が展開されているかということが子どもの発達にとっては大きく左右す

ることになるのです。

　障害幼児に実施されている主な生活内容として，①生活リズム・基本的生活習慣，②遊び，③レクリエーションやからだづくり，④学習的な活動，⑤障害への訓練があげられます。家庭をベースにして，園や地域といった生活の場では，障害幼児の実態に合った生活内容が各々で実施されていき，そうした生活内容が相互に関連しあうことで，ひとりの子どもの全体の発達が促進されていくことになります。豊かな生活の質（QOL）が障害幼児にも当然必要になると考えられます。

3. 生活と障害児保育の目標

　園におけるいろいろな障害児保育目標の設定をみてみますと，基本的生活習慣の形成に向け，かなり重点をおいて取り組みがなされてきていることが特徴といえます。排泄が確立することで，いろいろな面で発達してくる様子が見られるようになった，食事をするときにスプーンのもち方が上達した，衣服の着脱がスムーズにいくようになった，などが報告されています。これは，ただ単にスキルが身についたにとどまらず，自立としての育ちをみることができると考えられます。

　近代教育思想の中核をなすものである「生活が人間を育てる」という原理こそが，これまでの，そしてこれからの障害保育実践にも求められる基本的視点です。

4. 生活づくり

　「園の主人公は子どもたち」ということは，園における生活の主体者は，そこで生活をしている子どもたち自身であることを意味しています。

　では，どのように園での生活づくりをしたら障害幼児の発達をより促すことができるのでしょうか。まずは，障害幼児を含めてすべての子どもたちの生活環境を人的・物的な面において望ましい形に整備するということがあげられます。次に，生活リズムや基本的生活習慣について，子どもたちの立場になって望ましい生活を築くということです。

　前者の園での生活環境づくりとは，発達の土壌となるような環境ともいえます。具体的には，遊べる空間，時間と集団，遊び道具をしっかりと保障するこ

とが求められます。たとえば，自然環境については，その子どもの発達に応じて教育的に選び出さなければなりません。ある発達段階の子どもには，坂や小山といった環境が移動にとって平面よりは発達に必要な糧になるといえましょう。また，手指の操作とかかわって，砂，土，水は豊かな自然物であるし，非常に可塑性が高く，こうした素材を使っての遊びは，子どものイメージを豊かにする，まさに発達の源となるといえましょう。

　後者の園での生活リズムや基本的生活習慣については，たとえば，1歳半の課題に取り組む障害幼児の生活リズムの確立にとって，①「おはよう」「おしっこにいこう」など，場面に合った豊かな言葉かけをする，②他の教室への空間の移動で区切りをつける，といった方法がいくつかの園ではとられています。生活リズムを大切にするのは，子どもに活動への見通しを形成し，生活への主体的な意欲や心構えを育てようとするからです。

　以上，まずは生活に区切りと変化をつけ，見通しをもって参加する生活リズムを確立することは，基本的生活習慣を獲得するための基盤ととらえることができます。それは，重い障害のある幼児の発達を考える上で，家だけでの限られた空間ではなく，毎日一定時間に園に通うことによって生活リズムを整えること自体が重要な保育課題になっていることに端的にあらわれています。

# 気になる行動はサイン

「気になる子ども」と園で称されるようになったのは，1990年代後半からです。気になる行動を見るなかで，指導する先生方には迷ったり，どのように理解していったらよいのか悩んだりすることが生じるでしょう。

こうした時に，その対応がなかなかうまくいかず，子どもとの関係がぎくしゃくしてしまい，余計にあせったりして子どもとの関係がさらに悪循環になっていくことがあります。

ところで，「気になる」あるいは「困った行動」の意味を考えることが，良好な関係へと導いてくれることになるといわれます。気になる行動，困った行動には必ずわけがあり，外面に出てきた行動だけに目を奪われないことが肝要です。たとえば，ぐずぐずしてサッサとしないのは，その子どもにとって気持ちの切り替えがなかなかできないととらえることもできます。相手の意図を受け止めるのがへたで，状況の判断が不正確なため，そうした切り替えが苦手なのかもしれません。子どもの見方として，子どもが出しているサインをキャッチできるアンテナが，指導，援助する際に求められているのではないでしょうか。

第3章
軽度発達障害幼児の理解と指導・援助

1節 軽度発達障害幼児の理解

　現在,「軽度発達障害」と総称される障害名は一般的に,①軽度の知的障害,②広汎性発達障害,③学習障害,④発達性協調運動障害,⑤注意欠陥多動性障害の5つであるといわれています。

　軽度発達障害の子どもたちは,障害がないと思われる健常児との境界線が不明瞭なところがあって,一見するとその障害がわかりにくい場合があります。ここには,認めにくさがある,判断の困難さがあると理解することができます。見えにくい「軽度」ということは,障害と診断されにくく,認められない間は,子どもの示す行動は子どもの責任(わざとやっている,ふざけている,真剣味が足りないなど)と理解されやすく,あるいは保護者の躾のせいだと誤解されやすいという面があります。

　筆者は,愛知県の園での事例検討会(園内,市町村内の研修)をしてきたなかで,幼児期の軽度発達障害児の生育歴については大きく3つのタイプがあると考えています。それは,①診断名がついており,療育機関や病院でのサポートを受けてきた子どもたち,②まだ診断名はついていないものの,療育機関や病院でのサポートを受けつつある子どもたち,③療育機関や病院でのサポートを受けていない子どもたち,です。幼児期のエピソードで,孤立,不器用,言葉の遅れ,多動などがよく出されます。そして,これらのエピソードに対して保護者は不安を感じていなかったわけではありません。不安を感じることがありながら,そうあってはほしくないという思い,どこに相談していいのかわからないという状況があったことが,多くの事例からわかります。

　軽度発達障害児について5つの障害をあげましたが,ここで,各々の疫学(出現率,男女比),特徴,子どもの思い,保護者の思い,指導の視点について表1

表1　軽度発達障害の特性

障害名	疫学	特徴	子どもの思い	保護者の思い	指導の視点
軽度の知的障害	1.8～2% 男1.5：女1	発達全般の遅れ	「わかる」ということがわからない	不安　焦り	わかりやすさの重視 自信をつける
広汎性発達障害（高機能自閉症，アスペルガー症候群）	0.6～1% 男4：女1	社会性の障害 コミュニケーションの障害 こだわり	「わからない」という恐怖に近い不安	早期の人間関係樹立の困難 子育ての難しさを理解してもらえないもどかしさ	視覚入力を生かした構造化 強制しない 安心をもたせる 居場所の確保
学習障害	3～5% 男女比不明	全般的な知的の遅れがないのに，読み・書き・計算のつまずき	「わからない，できない」ことを自覚することでのジレンマ，自己評価のつまずき	わからない相手へのかかわり方にジレンマ 指導者といっしょに近づく努力	擬似体験，具体的な指導で理解力をつける わかりやすさの重視
発達性協調運動障害	不明	運動の不器用，協調運動のつたなさ			からだのバランス
注意欠陥多動性障害	3～5% 男4～9：女1	不注意 多動 衝動性	「わかっている」のに自己制御不能で，うまくできないことへのもどかしさ	周囲から非難を受けやすい 常にイライラ 自責と子への攻撃性	良い評価

に整理してみました。軽度発達障害児を指導していく際に，それぞれの特徴を考慮すること，子どもや保護者の思いをふまえていくことが重要となるからです。

　ただ，ここで注意したいのは，障害のラベリングを急いではいけないという点です。障害に目を奪われて，子どもの発達がみえないということであってはなりません。軽度発達障害児がみせる行動の背景には，何らかの発達上のつまずきがあるのだということ，そして，指導・援助するには子ども理解の根底として内面理解がたいへん重要であるといった捉え方を大事にしたいものです。

2節　軽度発達障害幼児を指導する上での留意点
―LD（学習障害），ADHD（注意欠陥多動性障害）を中心に―

　多くの軽度発達障害の子どもが抱える大きな問題は，自己評価の傷つき，自尊心の傷つきにあるのではないでしょうか。学習面での極度のつまずきが指摘されるLDに対しては，文字を書くようになってから対応をすればいいのでしょうか。保育所や幼稚園での集団でもいろいろな問題を抱え，保育者や保護者はとまどい，困っていたに違いありません。やはり，機能面などの育ちも遊びや生活を通して，もっと早期からサポートできればと考えさせられます。

　それと，ハウツーが一番の関心になるのではなく，子どもを発達的な観点から理解することがかなり指導・援助上のポイントになってくるといえるのではないでしょうか。障害だけに焦点をあてた関係で子どもと向き合うのではなく，その障害と向き合っている子どもとして理解していくことが重要です。気になる行動の軽減・変化と諸能力の獲得（障害と発達の関連）にも注目して実践を進めることがポイントとなりましょう。

　また，ADHDについては行動上のたいへんさがあるので，その行動をどうすればやめさせられるかという部分に目がいきがちで，どうしても性急な答えを求めすぎてしまう面があるのではないでしょうか。子どもの気持ちの流れや，どうしてそういう行動をしてしまうのかといった内面理解，因果関係から子どもを共感的に理解していくことがポイントになってきます。

　軽度発達障害幼児のもつ本質的な弱さは，決して園だけで改善できる問題ではありません。園での生活の時間のほかに，家庭や地域での生活の過ごし方にも，一定関係があるといえそうです。子どもをまるごととらえ，地域との連携でいえば，園の保育者，臨床心理士，保健師，発達相談員，医師などのそれぞれの専門職が対等の視点で手を結び，報告・連絡・相談（「ほうれんそう」）を取り合いながら協力関係を広げ，各々の専門分野でその専門性を発揮して子どもの発達に結実させることが求められるのです。最近，展開されつつある巡回指導や5歳児検診もその活動として今後に期待されます。

　ここでは，一般的なことがらになりますが，LD，ADHDの指導・援助上で

の留意点について述べてみます。一人ひとりに対しての指導・援助は，こうした一般的な事項の上に加味されて行われていくと考えられます。

　第一に，園や家庭では「叱るのではなく，ほめて育てる」ことです。軽度発達障害のある子どもの特徴の1つに，自分の好きなことに対しては，けっこう長い時間でも集中できるという点が指摘されます。その子のもっているよい面を取り上げて，伸ばしていくことになりましょう。よいところがなかなか見つからない場合は，保育者や保護者が子どもの興味を示しそうなことを試みに用意し，始めることが必要になってきましょう。自己評価や自尊心の傷つきで「やはり，自分は駄目なのだ」という気持ちを抱くことがないように，結果についてほめるだけではなく，過程をほめることで次の望ましい行動のきっかけになるような言葉かけをすることが大切になってきます。問題を起こした場合には，どのような行動や対応をしたらよいのか，具体的に教えて練習をさせ，適切な言動が身につけられるように指導します。

　第二に，ADHDの場合，たくさんの情報のなかから，今何が大切なのか，必要なものだけを取り出すことが苦手で，注意を集中し持続することのコントロールが難しいので多動になり，新しいことに次々に気が移っていくという特徴をもっています。長い時間注意を継続できないので，間に休憩や気分転換のゲーム的な要素の時間を設定することが有効であるという指導方法がいくつか報告されています。ADHDの子どものなかに，音に対する過敏性のある子がいますが，これは，すべての音を取り込んでしまい，必要な音だけを取り出すという取捨選択が難しいといった特徴によるものです。

　第三に，多くの情報から選ぶことの苦手な点を考慮すると，指示する場合，事前に「これから大事なことを1つ言います」と予告して，簡単で明瞭な言葉で話します。指示の内容はいくつもいっしょに指示すると混乱してしまうので，1回に1つにするといいでしょう。アイコンタクトをとったりして気をひきつけることも大切です。

　第四に，LDの場合，運動機能面で弱い部分，ぎこちなさを示す子どもがいます。統合機能の発達を促すには運動が重要になってきます。練習は小さなステップに分けて評価してやり，努力したことが視覚で確認できるようにシールを自分で貼らせることも意欲を引き出す意味から有効な方法と考えられます。

視覚に訴える，視覚入力を手がかりにという指導方法は自閉症の指導でも取り入れられつつありますが，絵や写真，シールなどを掲示していくことになります。また，ルールのある運動遊びでは，はじめは一部の参加で，途中から抜けてしまうことがありますが，生活年齢が上がるにつれ，ルールを理解できるようになることがあり，焦らず待つことも重要です。

　第五に，居場所を作ってやること，安心できる人と場，ゆったりとした生活リズムといった点があげられます。人間が発達していく過程においては居場所が不可欠です。居場所づくりはこれからの保育の重要なキーワードになると予想されます。

　園のおかれている条件は，地域によってさまざまです。指導者の加配などぎりぎりの条件のなかで軽度発達障害幼児を受け入れているという話はよく聞かれます。そうしたたいへんさのなかですが，幼児期においては子どもの発達の礎を築いていっている日々の努力を，共通理解を園の職員間ではかることがまず必要となってくるでしょう。そして次に，これからの学齢期のライフステージにバトンタッチするのです。ここまで発達してきたという子どもの変容した姿を中心に，幼保小の機関が地域で連絡し合い，ネットワークを築く時代にさしかかってきているのです。

個別の指導計画

　この計画は，1999年より学校の障害児教育で提起されるようになってきたものです。その語義は，子ども一人ひとりに即して，指導，援助の目標，活動や内容および対応の方法が示されている実践上の計画，あるいは個に応じた指導，援助のため，個々に立てられたある期間の教育計画です。意義は，①最適な活動を明確にする。②一人ひとりに合った指導，援助の工夫をしやすくなる。③ある期間の指導，援助を個の視点から検討する。④教育が子ども，保護者，教師によって進められる，ということです。

　この個別の指導計画は，一対一の個別指導を意味しているのではないことにも留意する必要があります。学校での授業は集団指導を原則にしながら，一人ひとりの発達課題を把握して，その課題をたえず意識しながら，必要に応じて個別化した対応をとる必要があります。

　カリキュラムから導かれる目標と内容と，個別の指導計画での目標と内容が統合されて個を生かす授業が行われることになります。特別支援教育が推進されるなか，学校での新たな試みに注目して，幼児期においてももっと取り入れて活用してもいいのではないかと考えさせられます。

第 4 章
障害児保育における指導の形態

1 節　一斉指導，個別指導は両輪で

　一斉指導は，ひとりの保育者が1つのクラスの子どもたちを対象として，同一の保育内容を一斉に指導する活動の形態を意味しています。これを実際に進めるには次のような配慮が望まれます。
　第一は，一斉指導の集団では，子どもたち相互が考えを出し合うことによって，個性を発揮しながら活動をともにすることです。
　第二は，協働について，一斉指導は集団指導と個別指導との相互の関連で展開されるべきということです。
　第三は，保育者の働きかけについて，個別指導の場合とは違って，集団になげかける保育者の言葉かけ，身ぶり，表情に工夫が必要だということです。今日までの障害児保育実践の蓄積のなかでは集団のもつ意義が取りあげられ，集団は障害幼児の発達にとって不可欠であること，安心して落ち着いて生活できる基礎集団の必要さ，保育者と子ども，子ども同士の関係（交わり）が大切にされてきました。
　一方，個別指導においては，子どもがひとりで遊んだり活動したりする姿がみられます。特に障害児保育では子ども一人ひとりの実態の違いからして，「個に応じた指導」「個への配慮」といった個別原理とその実践を抜きにしては語れず，保育者と子どもの一対一の関係をはじめ，そのひとりの子どもの興味・関心をもととする遊びの展開など，また近年では個別の指導計画が展開されるようになっています。

2節　集団づくり

　障害児保育のこれまでの取り組みでは，集団の雰囲気，集団の教育力に注目して進められてきています。子どもは集団で活動することでその意欲を高めていくこと，人とかかわることで社会性や人間社会を理解できるようになること，などといったことが集団を編成する意義として，認められてきています。

　集団構成員間の関係（交わり）については，保育者―子ども，子ども―子ども，保育者―保育者の関係の質が問われなければなりません。保育者と子どもの間では，子どもの内面に寄り添い，共感関係を成立させることが第一です。ここでは子どものニーズや要求を重んじるといった姿勢が必要となってくるでしょう。子ども同士の間では，自分たちの集団，仲間という意識を育てていくことになります。核である子どもを中心に子ども相互の響きあいが形成されていくことでもあります。

　保育者同士の間では，加配，TT（ティームティーチング）が機能されることでその保育効果が期待できます。メインティーチャーとサブティーチャーの役割を明確にして，子どもたちを多角的に，客観的に理解すること，専門性を出し合うこと，経験年数からの役割指導といった補完できる点を利用して創造的な実践を展開することになります。

3節　個別の指導計画

　個別の指導計画とは，子ども一人ひとりに即して，指導の目標，活動や内容及び対応の方法が示されている実践上の計画，あるいは個に応じた指導のため個々に立てられたある期間の教育計画といえます。

　ここで個別の指導計画が実際の保育のなかでいかに活用されるかといった関連が明確にされる必要があることに注意したいものです。カリキュラムは各園で作成されていますが，このカリキュラムと子どもの実態によって指導計画（年月間指導計画，行事指導計画など），指導案を作成することになります。ま

第 1 部　理論編

た，個別の指導計画で記述された事項が，指導計画や指導案に一定移行されることになります。つまり，個別の指導計画から導かれる目標・内容と，カリキュラムから導かれる目標・内容が統合されて個を生かす保育が実施されることになるわけです。

以上のような保育の過程において，一斉指導を行うのか，個別指導を行うのかを弾力的に検討し工夫していくことがポイントとなってきます。集団の形態と個別の形態はけっして対峙する指導形態ではなく，個々に子どもをみようとする時，どのような指導の形態がその子どもにとって最善の利益になるのか，子どもの発達を導くための指導の在り方はどうなのかを中心にして障害児の保育は柔軟に考えられ，ケースバイケースで進められていくことが求められます。

コラム 4　乳幼児期の地域支援

就学前の障害児に対しては，早期から療育することが重要です。1970年代から活動が開始され，地域格差はいまだ解消されてはいないという問題はあるにせよ，近年では，多くの地域，自治体において早期発見と，これに続く早期療育を有機的に関連させるシステム化の基礎は，相対的に整備されつつあるといっても過言ではないでしょう。これは，発見から療育への移行をスムーズに行えるように，実際に療育指導を行う通園施設などと，それに関連する保健所や保育所なども含めて連携をめざす，地域療育システムの構築として検討されてきたものです。

子どもが乳幼児期にいるときは，障害の告知がなされはじめていく時期であって，両親が複雑な思いを抱く時期でもあります。それゆえに，両親に対する相談，情報提供が密になされることが必要になります。

障害幼児本人には，福祉はもとより教育，医療，保健などの多方面からの援助が求められます。障害幼児のいる家庭の生活を支える上で，各機関の専門性が発揮されていくことが地域のネットワークであるといえます。

第 5 章
障害児保育の事例研究と実践記録

1 節　事例研究について

　園において行われている事例研究とはどのような研究なのでしょうか。障害児保育や障害児教育の実践の場で多く取り上げられている事例研究とは，障害・発達・生活の実態，生育史，家庭環境などの諸要因を含めて，障害児本人の変容過程を時間的経過と空間場面のなかで明らかにしようとする研究です。

　この事例研究においては，対象となる子どもの行動観察がその中心的な方法となっています。行動観察といってもそれは傍観的な観察ではなく，園や学校においてなされる以上は，働きかけながらの観察であると主張されます。それは，対象となる子どもについて，指導・援助を行い，そこで新たに観察される事実・変容する子どもの実態をつかむことになります。そして，新たな成長した姿を次の出発点にして，観察をさらに継続させていくことになります。以上のことから明らかなように，この事例研究では，観察の時系的継続のなかで，対象児の変容する姿を把握して，望ましい指導・援助の仕方を追求していくことになります。

　このプロセスには，計画 → 実践 → 評価 → 再計画といったサイクル（循環）関係がみられます。まさしく，評価にはフィードバック機能が求められているといえましょう。新しく身につけさせるといった当初の目的が達成できたかを吟味することにもなります。

　園での事例研究は，個々の保育者が日々収集している実践メモをもとにして，一定の期間において対象児の変容過程をまとめるという一連の作業が進められます。実践の記録化といえるものです。

　その記録については，最終的には集団的に検討される必要があるといえます。それは，園や学校においては同様な事例をお互いの指導者がもち合わせて

いるからですし，事例研究の成果を共有していくことが今後の指導・援助の発展につながると考えられるからです。決してひとりよがりの実践に終始するのではなく，複数の保育者の視点に立って，より客観化していくことにこそ事例研究の生命線があるといっても過言ではないでしょう。そして，何よりも事例研究の成果は子どもたち一人ひとりに結実されなければならないことは言うまでもありません。

【事例研究　その1】

「言葉の遅れが認められパニックになりやすく，自傷行為のある事例」を通して

　ここでは，1歳5ヵ月で入園し，3歳過ぎまでの経過を細かく追跡した事例をもとに考えてみます。本児の問題となる行動については，①パニック，②言

表2　問題行動と本児の育っていくプロセスに関しての整理

生活年齢	問題行動について	遊び	対人関係	言葉	内面感情等	備考
1歳児	自傷（行動制限）					1歳5ヵ月入園
2歳児 4月	自傷（行動制限）多動 高所	少しままごと 好きな本				
6月	かんしゃく	ブロック	時々視線	「おいしい」		子どもの少ない時間帯
8月	頭を打ちそう（夏休み明け）多動 かんしゃく	絵本 ブロック		「いしー」（尿意）		
10月	自傷（他児にさわられる，大きい声でしゃべられる）自傷の弱まり	ブランコ 鉄棒 車 すべり台	「だっこ」「いたい」と保育士に訴え視線があう	保育士の「おはよう」にオウム返し 保育士に向かって走ってくる	落ち着き（給食準備中）情緒的安定	担任との関係がつく 対人関係の芽生え 遊びの広がり 基本的生活習慣
11月	自傷（耳元で大声）	アンパンマンの紙芝居（保育士の膝にのって）	担任以外に「さようなら」	絵本を見ながら「おいしい」「はーい」と真似		

葉の遅れ，③給食を座って待てない，④睡眠が少ないと不機嫌，⑤生活リズムの不規則，の5点が挙がっていました。

そして，以下に保育の過程について担任が実践メモをもとにまとめています。実際は，もっと細かな資料が園にはあるのですが，ここではそのポイントを表2にしてみました。

この過程での大きな変容については，次のようになります。

第一に，問題行動のなかでも自傷の変化についてですが，特に，自傷の弱まりが2歳児の10月にみられるようになります。

第二に，このプロセスのなかでの大きな転換期としての2歳児の10月のもつ意味についてです。それは，入園後，約1年半のところで，①担任との関係が築かれる（安心できる相手），②遊びのひろがり，③基本的生活習慣の形成といった成長した姿をみることができます。

12月			クレーン現象	「読んで」のしぐさ		
1月	自傷（友だちに攻撃される）				落ち着き（周囲の環境が穏やか）	
2・3月		粘土で球体を積む		オウム返し多く「おばけだぞー」と友だちの模倣	手をたたいて喜ぶ	
3歳児 4月	かんしゃくを担任に伝える	職員室のマグネット 骸骨の絵本「こわーい」		「おばけだぞー」「ケーキ」	自発語 排泄の確立	
5月	自傷（大きな声，思い通りにならない）落ち着けない ふらふら かんしゃく，自傷（中旬に休む日が多くなる）	オセロ おかずの絵 段ボールの狭い所	視線があう おんぶ			落ち着いた環境を設定する
6月		絵本を自分で読む マグネット積木 ＴＶの真似	「おしっこ行く」→「うん」と返事	呼名への返事 復唱 「ちょうだい」「どうぞ」「ありがと」	要求	

第1部　理論編

　事例検討会では，①新しい環境への不安の軽減，②安心できる場，人（後，さらに落ち着いた環境の設定の必要さへと展開），③社会性の育ちの芽生え（後，真似・模倣へと），④生活を「見通す」力の育ち，⑤担任に本児がみえてきた時期に相当（行動制限ではなくなる）といった点が保育者間で確認されました。

【事例研究　その２】
「自閉症児Ｙ君の行動―コミュニケーションを求めて―」を通して

　ここでは，自閉症のＹ君の変容過程を，次の３つの時期に区分して園の事例検討会で報告されています。そして，スーパーバイザーの立場の筆者はその報告を受けて以下のようにまとめてみました。詳細な実践記録については紙幅の都合で割愛しますが，ポイントを述べてみます。
　まずは，事例で区切られていた時期についてです。
　　　第一期・・・平成〇年４月～平成（〇＋1）年３月
　　　第二期・・・平成（〇＋1）年４月～平成（〇＋1）年９月
　　　第三期・・・平成（〇＋1）年10月～平成（〇＋2）年３月

　ここでは，それぞれの時期にみられる変容から関連（展開）を指摘してみます。
　第一期において，Ｙ君はＢ教室からの入園のため，新しい場所と指導者といったこれまでになかった環境に適応できなく，日々不安をもっていました。それだけでなく，偏食に代表されるこだわり，性器いじり，襟を嚙むといったさまざまな問題行動を起こしていました。そこで，指導者として「園生活，新しい環境に慣れる」という重点目標を掲げ，Ｙ君の好きな遊びを模索することを心がけています。特に，視覚や聴覚に訴える玩具で遊ぶ，スキンシップ遊びが好きであることを発見できたことが，その後の時期への展開として有効であったことは注目されます。
　第二期において，Ｙ君の変容が見られるようになってきます。一番大きな変容は，偏食の改善です。すなわち第一期で見られた問題行動の減少です。次に，プール遊びの時は自ら水着に着替えようとする，「やって」など動作で自分の要求や欲求を伝える，といった育ちです。つまり，ここからは見通す力がつい

てくることで，行動の切り替えがスムーズになっていくプロセスを読み取ることができます。また，意思表示や笑顔が出てきたというのも見落とせない重要な育ちです。

　この時期の指導目標の1つは，基本的生活習慣を確立することになっています。知的障害児通園施設の場合，対象とする子どもの発達レベルからして，この基本的生活習慣を確立することは，学齢期までに培いたい力として，さらに，その後のライフステージに向けての発達の基礎を形成することとして，かなり重要な指導項目になってくると考えられます。また，毎日の生活のスケジュールを一定にするということは，第一期に新しい環境に不適応を示していたY君の不安を和らげていったと考えられます。自閉症児の理解で不安やこわさといった内面に関する指摘がありますが，このような指導を通して安心感を徐々に築いていくことは疑いのないことでしょう。

　一方，洗濯機へのこだわりに対する取り組みは，お手伝いと形を変えていった点に本事例の巧妙さとおもしろさが見出せます。その場面では，指導者は一連の手伝いが終わったら手をたたいてぐっと抱きしめる，「ありがとう」と声かけして気持ちを伝えることを毎日繰り返すことにより，Y君にとって安心できる人になっています。ここでは，Y君の内面を変えていく1つの手立ての工夫と取り上げておきます。

　さらに，第一期の視覚に訴える玩具への注目を契機に，同じ車のマークをつけることで自分の場所や物であることの認識は，単にわかりやすさというだけではなく，Y君にとって「居場所」がひろがっていったのかもしれません。また，サイン言語を利用した上での動作化，はしご渡り・キャタピラ・棒とびなどの運動遊びを意図的に行ったことによって，Y君の見通す力や模倣する力がさらに培われていると分析できます。

　第三期において，Y君のこだわりは襟を嚙むことから飛び出しへと問題行動が変化してきます。この変化とともに意思表示をする，人と物をよく見る，他の園児のなかで遊べるなどの人間関係の育ちをみることができます。これは，Y君の外界が広がっていく姿でもあります。

　ここで，注目しておきたいのは，飛び出しについての指導者を含めた園全体での検討です。それは，戸外の方が楽しいのだろうか，指導者の反応を見て関

わりを求めているのではないかといった再度Y君の立場にたっての検討でした。日々の取り組みでは，時には指導上のまよいや方向性がややみえなくなることはあり得るでしょう。この点を解決していくところに指導者個人とその集団の力量が形成されていくプロセスを垣間見ることができるのです。結局，Y君は運動遊びが好きということで体をつかった遊びをさらに行い，指導者との関わりを大事にするなかで，飛び出しが減ってくるようになったのです。

次に，本事例を通して，自閉症児の理解をふまえて，その指導方法への糸口になる諸点を指摘しておきます。

第一に，その子の興味・関心を大切にするということです。これは自閉症児だけに限らず，障害のあるなしに限らず，すべての子どもたちを保育・教育していく際にいえることでしょうが，その興味・関心がどこにあるのかをみつけていくことが大切になってきます。

第二に，個別指導をベースにして，自閉症児の「居場所」を大切にして，保育内容を設定するときに，その子が参加できそうな活動を組み入れることが必要となってきます。個別目標をたてることは重要ではあるものの，どこかで集団での活動に参加できるような手立てがいるのです。日々の指導場面で，自閉症児はなかなか集団に入れないということがよく指摘されることがありますが，ステップとして「遠巻きに集団をちらちら見ている」という段階もあるという理解の仕方があるといえるではないでしょうか。

第三に，刺激に対する過敏性についてです。ある機械音など特定の音に対して怖がる，体をかたくさせるというように，音や光に不安，怖いと感じるためこだわりの世界に入っていくというメカニズムが指摘されることがあります。ここでは，そうした刺激を上手に取捨選択する力が弱いために混乱をきたしていると考えられます。自閉症児の内面理解について以上のような過敏性があることも特徴なので，混乱を少なくし，安心感を抱かせる手立てが講じられることがポイントとなってきます。

第四に，問題行動のとらえかたについてです。それは，基本的生活習慣の確立やある力がついてくることで，問題行動が変化，軽減するという点です。子どもの諸能力は織り交ざって形成されていくことから，発達がなされていくプロセスで問題行動が変化していくと捉えられるのです。換言すれば，子どもを

育てるというなかで問題となる意味合いが変わってくるといえます。

　第五に，見通す力をつけるということです。知的障害児の一般的な特徴といえる見通す力の弱さについて，どのような指導方法を行うかはかなりのポイントになると考えられます。この力の形成は，自分の生活を律することにもなってきますので，知的障害児通園施設はもとより，保育所・幼稚園などでの幼児期の指導上，大いに検討されるべき点であるとここでは確認しておきます。

　第六に，視覚入力についてです。多くの自閉症児を対象にしてWISCという知能検査をした結果，「積木模様」「絵の組み合せ」「迷路」といった空間機能にかかわる領域や「数唱問題」のような機械的な記憶にかかわる領域で評価点が高くなっています。こうした比較的良好なところから指導方法を工夫していくという視点が大切になってくると考えられます。すなわち，心理学的見地と保育方法をつなげるという点です。たとえば，視覚に訴えることから，絵カードの利用，パズル，絵本の提示などが有効になることがいろいろな取り組みで検証されつつあります。

2節　実践記録について

　さらに，「実践記録」の必要性が保育や教育では言及されますが，次のような点が重要になってくると考えられます。

　第一に，記録化はどのような意義があるかについてです。実践の科学化，客観性をもたせる作業として記録化は欠かせないものです。さらに，実践の記録化は，その過程で保育者の力量形成につながるものでもあります。

　より良い保育を展開するためには，記録をすることが前提的な意味をもつと考えられます。そして，その記録をすることに始まり，実践を総括し，次への保育のために計画をたてるという，サイクル（循環）がなされることによって，保育を質的に改善，発展させていくことをみることができます。ここでは，記録こそが次の保育への意図的かつ必然的なつながりに多いに役立っていることを強調しておきたいと思います。

　他方，実践と理論の統一的発展を考えた場合，実践の記録は要になると考え

られます。実践についてのメモを集積することと，実践の記録は異なると理解できるのではないでしょうか。すなわち，実践の記録は，何を中心に事実を選択し，どのようにして事実の相互の関連を書いていくかが問われるのです。それは，保育実践の分析という点に集約，表現されます。

また，先に述べた客観性をもたせるという点では，単独で分析するにとどまらず，共同作業として，集団のなかでの分析という作業が含まれるとも考えられます。保育者集団での検討，また，研究者を交えての検討といった作業です。さらに，実践と理論をつなぐ保育の論理については，「発達保障」という観点が不可欠であると思われます。

第二に，実践で何を中心に書くかについてです。それは，子どもの活動とその内面の動き（内的世界），保育者の指導・援助とその内面の変化が，文化や集団とを媒介としながら，切り結んで記述されることになります。このとき，保育がなされる過程では，保育が動的に運動しているといった見方を大切にしたいものです。一例として，子どもの実態把握では，変容した子ども理解から始まるといった視点です。子ども把握については，固定的にとらえるのではなく，保育において，子どもと保育者の相互作用のなかで，ともに能力や保育力量をつけていくということになるからです。

さらに，達成された保育の成果，つまり，目標・めあてに関する記述と子どもがどのように変容していったかという記述は不可欠です。子どもが自発的に，主体的に活動しようとする姿勢，成就感，達成感を，子どもの側からの発達の事実の記録を客観的に表現することにもなるでしょう。そのとき，そうした変容につながった保育の内容と方法の有効性に関する記述は落とせないものです。

最後に，保育の過程についての記述です。それは，保育の準備に始まり，保育の実施，そして保育の評価といった一連の流れです。ただ単に，子どもを目の前にした保育の実施の時間だけの記録に終始するのではなく，保育者（集団）の子ども観はもとより，保育を終えてからの達成と課題が表現されることもポイントとなるでしょう。

コラム5 自立について

　知的障害児施設などの障害児系施設における指導，援助を通じてめざすものは，自立であるとよくいわれます。では障害児者にとって自立はどのように理解したらよいのでしょうか。

　自立には，身辺自立，経済的自立，精神的自立，社会的自立などと取り上げられますが，ここでは，1970年代のアメリカで展開された「自立生活思想（IL）」の考えに注目します。この考え方の1つに，身辺自立や経済的自立ができているかどうかにかかわらず，自立生活は成り立つというものがあります。

　今，障害児者の自立を考えるとき，精神的自立が重視されなければならないのではないでしょうか。なぜならば，身体的にも経済的にも完全に自立できていなくても，自己決定，自己選択できるといった本人の意志が尊重され，自由が保障され，精神的に自立していることが，人間としての尊厳につながるからです。たとえば，バリア（障壁）を除去できるように，改善を求めたり，自己主張したり，環境に働きかけ，現実を変化させる力を身につけることも精神的な自立と理解できるのです。

第6章
障害幼児の親支援

1節　障害幼児と思われる子どもの親をめぐって

　発達障害と思われる幼児期の子どもの支援をめぐって，専門機関での支援を受けているか否かは，発達障害と思われる子どもをもつ親の場合は，障害の受容をめぐるかなりのジレンマが左右していると考えられます。たとえば，次の事例はそれを物語っています。

【事例　その1】
　発達相談で私が出会った子どもは，1歳6ヵ月健診で少し言葉が遅れた子どもでした。それ以外にそれほど目立った特徴はなかったのです。ただ，自分の関心のある遊びに熱中し，周りの大人に指示されてもなかなか反応しない子でした。その後，高機能自閉症と診断された男児です。
　幼稚園に入る前の1年間，障害児の療育訓練を利用することになりました。家の近くには施設の通園バスがきます。しかし，それを利用せず，母親は子どもを自転車に乗せて毎日施設に通いました。祖父母が「世間体が悪いから通園バスを利用するな」と言ったからです。遠く離れた施設に自転車で通うのは大変でした。…（中略）…
　小学校に入っても母親の苦労は続きました。ほかの保護者に子どもの障害を話せなかったのです。子どもを他の子と遊ばせるときは，かならず自分の家に呼びます。相手の子どもの母親に障害を悟られないためです。子どもがひとりで遊びはじめると，自分が代わって友だちと遊んでやりました。相手の子どもにもそうやって気をつかったのです。子どもの障害が軽いために，かえって障害を世間に知られたくなかったのです。

　　　　　　　　　　　　（中田洋二郎『子どもの障害をどう受容するか』より）

第6章　障害幼児の親支援

　この事例から，親は専門機関に頼って発達相談に行って，専門家から高機能自閉症と診断，告知されているものの，なかなか公表できないというジレンマが読み取れるのではないでしょうか。軽度という障害ゆえに，その迷いは大きいと予想されます。

　障害の受容をめぐっては，障害の種類，程度により違いはあるものの，すんなりと障害を受容できないことが多くあるのだといわれます。親ならば，誰しも多少親バカなところがあるはずですし，子どもの障害を世間に知られたくないと思うのは当然ともいえるのではないでしょうか。障害を認識する時期は親によってそれぞれ異なり，障害を受容する過程で，障害の肯定と否定の両極に揺れるというこの心の軌跡こそ，親が障害を認識する自然な姿ともいえましょう。だからこそ，指導・援助のなかで「あの親は本当に子どもの障害を受け入れていない」「すぐにでも専門機関へかかってと言ったにもかかわらず」というのは，親の複雑な心境からすると，子どもを仲立ちとした親―担任の良好な関係を築くことにはなり得ないのです。

　担任は他にも障害のある子どもたちを見てきているので，少し先に何が待っているかを知っています。たとえば，障害告知後の気持ちの変化であったり，地域の情報であったり，就学に備えての知識などであったりです。要は，親に安心をもたせるというのが専門家としての役割なのです。それと，戸惑っている親に対しては，いくつかの選択肢を提供することも役割です。親は具体的な育児アドバイスを求めているのであって，子どもの発達を保障するために用意されるいくつかの育児方法のなかから親自身に主体的に選ばせるというのが効を奏すると考えられます。

　次に，親の心配解決につながる園と発達相談の専門機関との連携についての事例をみてみます。

【事例　その2】

　B保健師は，なじみの保育士からY君（5歳7ヵ月）の落ち着きがなくて困るという相談を受けました。保育士の話を聞くという態度がみられず，食事の途中で立ち歩いたり，友達にちょっかいを出したりとトラブルメーカーになっています。思い通りにならないと大声を出すので，子どもたちが遊びたがらな

いこともあります。去年の運動会では，みんなと一緒にダンスを踊ることができず，先生がつきっきりでした。落ち着きがないことが気になると保護者に伝えましたが，保護者の反応は鈍いものでした。どうしたらいいだろうという相談でした。

B保健師は，主任保育士と担当保育士から話を聞き，発達相談センターという相談機関があることを知らせ，保育士から案内してもらうよう依頼しました。
…（中略）…

Y君の母親は，何事かという顔つきでB保健師をみながら，「男の子だからこんな程度はふつうだと思う。心配があれば自分から相談に行く」と取り合いませんでした。

秋になってY君の担任保育士から電話があり，今年の運動会でも自分勝手な行動が目立ち，保育所からも相談を勧めましたが，やはり反応は鈍いということでした。B保健師は，再びY君の母親に会って，発達相談センターを勧めました。母親は「またか」という顔をしながら，B保健師の「小学校に入ってからが心配」という言葉に対して「自分も心配なので，厳しく怒っている」と告げました。B保健師は厳しくするだけでは問題は解決しないこと，少しコツがあるらしいことを伝えたところそんなコツがあるなら自分も教わりたいと乗り気になり，発達相談センターの受診を承諾されました。

（小枝達也『ADHD, LD, HFPDD, 軽度MR児保健指導マニュアル』より）

この事例は，なかなか発達相談にかからない親の場合です。Y君はADHD（注意欠陥多動性障害）と診断されるケースです。

保育士は日頃の行動観察から，専門機関との連携を通して，きめ細かく指導・援助を進めています。特に，保健師との協力関係を平素から作っており，保健師も複数の保育士から情報を得るという対応をしています。親のなかには，この事例のように取り合ってもらえないことはよくあると思われます。ここでは運動会で集団行動ができないという実態で，根気強く働きかけていったことがその後の進展につながったとみることができるでしょう。

さらに，大切なのは，保育士の方からADHDという障害名を迂闊に口にしないという慎重さが貫き通されていることです。また，わが子を心配しない保

護者はいないという信念のもと，園や担任だけで抱えこむのではなく，他の専門機関と総合的に軽度発達障害のある子どもへの指導・援助にあたったという点です。

事例その1と事例その2からは，親には，障害の認識だけではなく，次には診断後の保育をどう行っていくかという具体的なアドバイスをしていく必要性がうかびあがってきます。障害の発見だけで終始しているなら，親の不安はさらに増幅されていくことになるからです。

2節 発達障害のある幼児の親が抱える一般的な不安や悩み

ここでは，軽度発達障害だけではなく，知的障害，自閉症などといった発達障害のある子どもをもつ親の不安や悩みについて，特に幼児期に焦点をおいて進めることにします。親の不安や悩みには，重い障害の場合はもちろんのこと，軽い障害だからこそといったそれぞれにおいて特有の点があり，また，入園や卒園といった時期との関連で理解できましょう。

筆者はこれまで行ってきた園での事例検討会を通して，垣間見る親のたいへんさ・苦労で特徴的な点について次のようなものがあると考えています。

　①障害の受容について
　②子どもと接するときの基本姿勢について
　③個々の障害の特徴について
　④発達について
　⑤地域での情報について
　⑥就学について
　⑦家族の問題について
　⑧親の価値観について

このほかにも指摘できるでしょうが，総じて幼児期の発達障害児をもつ親に対しては，親の心の問題，なかでも育児に伴う心理的負担の軽減，育児の具体的アドバイス，発達や障害の見方，同じ境遇の親との出会いといった面への支援が必要となってくるといえます。

表3　知的障害のある子どもをもつ親の理解・態度

	第1段階	第2段階	第3段階
子どもの現状に対する理解	○知的障害ということに対して半信半疑 ○感情的に知的障害と認めたくない	○部分的に認めるが全体的には認めない ○しかしある点においては記憶がよいから… ○文字がいくらか読めるようになったので… ○そのうちなんとか…	○知的障害児の本質を理解する
教育観，子どもへの教育的期待		○怠けていたからできなかったのだ ○勉強しないからだ ○家が忙しくてかまってやれなかったからだ ○本人の能力が低くて学業成績が劣っていたということはわかった ○この上はなんとか勉強させて普通にもどしたい	○人間の価値の再発見再認識 ○人間にとって知的なもの以上に大切なものがある
対社会的態度，世間体	○はじる ○かくす	○同じクラスの親同士で共通の悩みを話そうとする ○しかしまだそんな子をもっていることで世間に劣等感をもっている	○結局は自分一人では解決できるものではない ○みんな手をつないで社会的に解決しようとする
親の気分，心構え	○不安 ○あせり ○子どもがバカでしょうがないといった気分	○落胆と希望の交錯	○何らかの光明を見出す ○不幸な子どもをもったために，ある意味ではさらに深く人間の尊さを知った

（伊藤健次，橋本敏，飯田和也，小川英彦『障害のある子どもの保育』より）

表3は，かつて三木安正が指摘した「知的障害児をもつ親の3段階」のプロセスです。この表に関しては障害の受容から親の価値観の新たな発見の過程と読み取ることもできます。時には絶望が，藁をもつかみたい気持ちが，そして希望というように織り成すこの経過から，親は心の揺れをもちつつ，何を考え障害児に対して懸命に生きているかを把握できるのではないでしょうか。さらに，担任にはこれからずっと障害のある子どもとかかわっていく親が，わが子の姿をしっかり見つめ，前向きの姿勢でかかわっていけるように，たとえ障害があろうと，ひとりの人間として尊ばれ，権利が守られていく社会をめざしていけるように，園での継続した親への指導・援助が必要であることを投げかけているともとらえられます。

ここで，約20年間，子育てをしてきたなかで，幼児期を中心にふりかえって書かれた親の手記による事例をみてみます。

【事例　その3】

Yが10ケ月の頃だったと思います。訓練を受けている病院の理学療法士の先生から，障害のある子は早くから集団の中に入った方が良いので，どこか親子で通える所（通園施設）を探すように勧められました。…（中略）…　1歳5ケ月の時でした。子どもを先生に預けて親たちはグループカウンセリングを受けます。それだけ心の中にたまっていたものがたくさんあったように思います。

翌年，週3回の母子通園が始まりました。通園することをやめてしまってまた孤独になるのが恐くて，続けることを決断しました。母親である私ががんばることでYを何とか良くするのだとも思っていました。園に通い始めて4年目くらいからはYの障害の重さばかりが目について，母親としても一番辛い時期でした。私がこんなにがんばっているのにと，気持ちがいっぱいになって，叩いてしまうことも時々ありました。そんな時，止めてくれるのは上の兄弟達でした。「お母さん，叩くのは止めた方がいいよ」と。

通園施設時代で忘れられないことがあります。お昼になって給食の時に，配膳されると，「いただきます」の挨拶より先に手を出してしまうので，その行動をさせないために私が隣に座って密着していました。…（中略）…　一体，私は母子通園をしながら何を学んできたのだろうと思えました。さんざん泣い

たあげく，先生からは「泣けて良かったね」と言われました。意地っ張りな私の肩からほっと息抜けた瞬間でした。

通園施設時代は，やはりそれだけ濃い時間を過ごしたのだと思います。父親たちも父親の会を発足させて，将来のグループホームでの生活に向けての資金作りと仲間作りに動き始めました。

(小川英彦，川上輝昭『障害のある子どもの理解と親支援』より)

この事例から，一般的には子どもが幼児期である親は，障害やそのおそれがあると指摘されてからまだ日が浅く，ほんの時期しかたっていないことになります。それゆえに，障害児を産んだことに対して負い目を感じたり，障害のあるわが子にどのように働きかけていったらよいのか，ゆくすえはどのようになるのかなどの不安を募らせたりしていると考えられます。ここでは，そうした子育てで孤独にならないように，病院や通園施設などの専門機関での相談や訓練を受けていくことの大切さ，園で一定子どもをみてもらえることで，子どもと離れてゆとりのある時間をもつことができることの必要性を教えられます。

どんなに障害が重くても，ひとりの人間として子どもを家族で支えようとする姿勢があります。発達障害児はその発達を獲得するのに時間がかかることはあるでしょうが，一歩ずつの変化は確かにあります。そうしたたとえ小さなことでも親とともに喜んでくれる周りの援助が，その子のライフステージのなかで幼児期という発達の礎の時期に十分に求められることを示しています。

3節　障害幼児の親支援について

先に親が抱える一般的な不安や悩みについて8つの項目を掲げました。筆者は，親支援にあたっては，第一に子どものよい面，生き生きしている面，気になる行動の軽減や変化を伝えることが，親，特に母親の子育て感情の安定を左右すると考えています。ただ，それだけでよいのかというと，第二に子どもの行動とそれに対する親の働きかけを関係づけてアドバイスすることが肝要であるとも考えています。

第 6 章　障害幼児の親支援

　ここでは，親支援といっても地域での支援や福祉制度の利用紹介などといった面ではなく，まず園，担任との間でなされる支援についてふれてみます。

1.　連絡帳，送迎の時間を通して

　連絡帳は家庭での子どもの様子，親の子どもへの思いをつかむ上でたいへん役立つものです。担任には「○○ちゃんは今日○○をしました」という報告だけではなく，連絡帳を通して親を励まし，支えるという点，つまり，親の心に寄り添い，心をかよいあわせて記入するという点から連絡帳をとらえることが大切となってくるでしょう。まさしく毎日の親と担任との心の交換ノートです。また，学齢期には分団やスクールバスになりますが，幼児期には直接日々親と顔をあわせる時間帯が送迎の時間であります。限られた時間ではあるもののこうした時間を有効に利用したいものです。

2.　懇談会（クラス懇談・個人懇談）を通して

　クラス懇談の場合は，親同士がお互いにがんばっている様子を交流したり励ましあったりする場として有効です。ここでは，子どもの育ちをともに確認することはもとより，子育てをする上での悩みや課題を，親と担任が心を開いて話し合う場としても重視されます。そんななかで，発達障害のある子どもをもつ親の苦労をとりあげること，健常児との比較でできないという伝え方ではなく，子どものわずかな変化を伝えることが親を意気消沈させないことになります。また，個人懇談の場合は，個への配慮を中心に今後の指導・援助の方法を時間をかけて取り上げることが肝要となります。

3.　親の参加を通して

　通園施設はもとより，保育所や幼稚園においても母子保育にみられるように親の参加を行っているところがあります。ここでは，親に園や担任のアドバイスをもとに具体的な遊びを体験してもらい，家庭に帰っても遊び上手なお母さんになってもらうことをねらっています。こうした企画では，お母さんに遊び方を覚えてもらうだけでなく，お母さんも楽しめるプログラムを用意することによって，心のゆとりをもってもらうことが大切になってきます。加えて育児

の具体的なアドバイスを期待しているゆえにこの面の意義はかなりあると考えられます。時には，行事に親も積極的に参加してもらい，お互いの親同士の交流や子どもの育ちを共感できる機会にしていくことも効力を発揮します。

4. 発達障害児の親同士をつなげて

　「障害があることへのショックから立ち直れたのは，他の親たちの援助があったから」「家族だけで子育てをしていくのは難しい，親が集まって悩みを出し合っている」などと言われるように，発達障害児を育てる上で共通したしんどさや願いをもっている親同士の結びつきは大切となってきます。先輩の親からの相談や励まし，子育てに関する経験の交流，地域での情報交換，時には愚痴をこぼす機会になることも，親が人間関係を豊かにして，価値観をあらたにしていくことになります。通園施設のなかには，親を対象にした学習会を年間行事として，あるいは定期的に開催して，発達の見方や子どもに接するときの基本姿勢などを外部の講師に依頼して理解を深めているところがあります。

　これまで親の支援に関していくつかの点を述べてきました。根底的に親を励まし支えていくのは，子どもが発達し，障害を軽減していく変化を日々追っている園や担任の姿にあるのではなかろうかと考えさせられます。生き生きと園での生活が送れるような保育の計画と内容を準備できる担任であること，それを目指して努力しているということをぬきにしては，親への支援は半減してしまいます。

　障害の部分に目を奪われるのではなく，ひとりの人間としてみつめ，あたたかい心をもち，受けとめてくれる担任の存在は親を励ますに違いありません。その担任の日々支援する姿勢や人間性というものが大きな影響を与えると考えさせられるのです。

コラム6　ノーマライゼーション

　ノーマライゼーションの理念は，1950年代のデンマークに淵源があります。「ノーマライゼーションの父」と称せられるバンク－ミケルセンは「知的障害者の生活を可能な限り通常の生活状態に近づけるようにすること」と定義しています。ほぼ同時にスウェーデンのニルジェも唱えていますが，この2人の原理を再構成し，アメリカに紹介したのがヴォルフェンスベルガーです。

　この理念は，国連では権利宣言や行動計画などの基本理念の1つとして位置づけられました。わが国でも「国連・障害者の10年」（1983－1992）に呼応して，具体的な取り組みが開始されました。

　この理念のポイントとして次の点があげられます。

① 基本的人権が保障され人間として尊重される。
② 平等と機会均等を保障される。
③ 地域社会のなかで，教育，労働などの権利が実現される。
④ 単に通常の生活環境に生きるのではなく，人間らしくより豊かに生活するためのQOL（生活の質）が保障される。
⑤ 可能な限り自己決定することが尊重される。

引用・参考文献

- 河添邦俊・長原光児『障害児の発達と遊び』(ぶどう社, 1981年)
- 大井清吉・伊勢田亮『障害のある子に豊かな表現活動を』(晩成書房, 1981年)
- 河添邦俊・清水寛・平原春好『障害児の教育課程と指導法』(総合労働研究所, 1981年)
- 伊勢田亮『障害児の遊び・リズム・劇』(ぶどう社, 1982年)
- 河添邦俊・河添幸江『どの子もすばらしく育つみちすじ』(ささら書房, 1986年)
- 茂木俊彦・荒木穂積『改訂版テキスト障害児保育』(全国障害者問題研究会出版部, 1986年)
- 青木一・深谷鋿作・土方康夫・秋葉英則『保育幼児教育体系　第1巻②』(労働旬報社, 1987年)
- 茂木俊彦『障害児の発達と子育て』(全国障害者問題研究会出版部, 1987年)
- 熊谷高幸『自閉症からのメッセージ』(講談社, 1993年)
- 伊勢田亮『教育課程をつくる　障害児教育実践入門』(日本文化科学社, 1994年)
- 茂木俊彦編集代表『障害児教育大事典』(旬報社, 1997年)
- 池添素『ちょっと気になる子どもと子育て』(かもがわ出版, 1997年)
- 伊勢田亮・倉田新・野村明洋・戸田竜也『障害のある幼児の保育・教育』(明治図書, 2003年)
- 渡部信一・本郷一夫・無藤隆『障害児保育』(北大路書房, 2005年)
- 清水貞夫・藤本文朗『キーワードブック障害児教育』(クリエイツかもがわ, 2005年)
- 伊藤健次・橋本敏・飯田和也・小川英彦『障害のある子どもの保育』(みらい, 2001年)
- 小川英彦・川上輝昭『障害のある子どもの理解と親支援』(明治図書, 2005年)
- 伊勢田亮・小川英彦・倉田新『障害のある幼児の保育方法』(明治図書, 2006年)
- 伊藤嘉子・小川英彦『障害児をはぐくむ楽しい保育』(黎明書房, 2007年)
- 小川英彦『幼児期・学齢期に発達障害のある子どもを支援する』(ミネルヴァ書房, 2009年)
- 小川英彦『気になる幼児の保育と遊び・生活づくり』(黎明書房, 2011年)

第2部
実践編

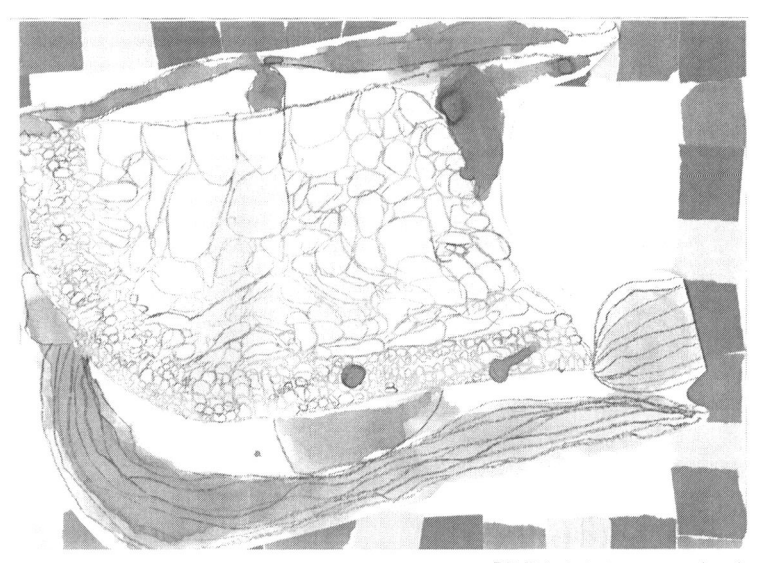

「収穫したトウモロコシ」5歳

1　ダウン症児Kちゃんとの出会い

近藤　くみ子

　私は，ダウン症児Kちゃんを含む36人の年長児を担任していました。当時，私は新任で，10年目の先生と2人でクラスを運営していました。Kちゃんとかかわるなかでの，その様子の変化についてをまとめ，考察していきたいと思います。

1　Kちゃんのプロフィールと園の概要

1．家族と成育歴
　父母と2歳年下の弟，さらに2歳年下の弟の5人家族です。Kちゃんはダウン症で，入園前の約2年間，療育施設に通園していました。「幼児期に集団での生活を過ごさせたい」という保護者の願いを受け止め，年長で本園へ入園し，1年間通園しました。年長にKちゃん，年少にKちゃんの弟が入園し，園生活を過ごしました。

2．園の規模とクラス人数
　Kちゃんの過ごした幼稚園は，全園児480人ほどの大規模園です。各クラスに障害のある子どもがいるので，どのクラスも複数担任で保育しています。保育者はバスの添乗はありません。トイレ清掃などの人員も確保されており，人的配置がしっかり配慮されています。
　当時は年少・年中は5クラスずつ，年長は4クラスでした（現在は全年次5クラスずつの合計15クラスです）。Kちゃんのクラスの人数は男の子20人，女の子16人の合計36人でした。

2 入園前のKちゃんについて

　本園入園前は，約2年間療育施設に通園していました。「就学前に少しでも大勢の子どもたちのなかで生活をさせたい」という保護者の願いを受け止め，年長の1年間でしたが，本園へ入園することになりました。
　療育施設のなかでは，自分の意志で活動に参加することは少なく，他児とのかかわりもほとんどない状態で過ごしていました。Kちゃんの性格は頑固で，保育者からの誘いかけもなかなか受け入れることができません。排泄の自立への援助を嫌がることも多く，失敗してもそのままになりやすく，大便を手でこねてしまうということもありました。甘えることが少ないとのことでした。実際に，Kちゃんの生活発表会の様子を見学すると，Kちゃんは，舞台のそばに後ろ向きで座ったままで，時々，保育者が前へ向かせようとしたり，舞台の中央へ連れて行こうとしたりしますが，Kちゃんはとても嫌がり，舞台そばに尻ずり状態で引っ込んでしまうほどでした。にらんだような表情で，つばをペッペッと吐く姿も時々見られました。

3 本園入園後の受け止め方と援助の方向

　クラス運営はどのクラスも2人の複数担任で行っています。Kちゃんの担任は筆者で，当時は新卒ということもあり保育経験がないため，打ち合わせを詳細に行いました。体験入園や療育施設からの申し送りから，幼稚園生活のなかでKちゃんとどうかかわるかを話し合いました。
①『にらむ，つばを吐く，つねる，便をこねて困らせる，自分で動こうとしない』などの仕草や行動から『甘えベタ』で，ひねくれているような態度が目立つという印象をもちました。Kちゃんが人を信頼し，素直に甘えることを体験してほしいと思いました。
②お母さんが子どものことで「困っている」という悩みを抱えている印象をもちました。「この子は何もできない」「この子はこういう子」というふうに諦めているようでした。1年という短い期間ですが，Kちゃんのことでお母さんと

打ち解けて話ができるようになりたいと思いました。

　園全体で受け止めるということを大前提に①，②の目標をいつも念頭において，どのような状態になっても保育者は「Kちゃんをかわいがる」「抱きしめる」「甘えさせる」「嫌な顔をしない」ということに徹することにしました。

4　Kちゃんの幼稚園生活での成長した姿

　初めて幼稚園へ入園したKちゃんと，初めて幼稚園で働く新任の私との幼稚園生活が始まりました。

　1年保育で入園したKちゃんは，年長で入園しましたが，入園時は，全く歩かず，ハイハイやつたい歩きをし，バスを利用していますが，バスに乗らないときの幼稚園への送り迎えは，お母さんの『だっこ』でした。口ぐせのように「ばか」や「あっち行け」という言葉しか言いませんでした。周りを見ては相手をにらみ，人が来ると手ではらったり，顔を近づけるとつばをかけたりという状態でした。また，排泄は，完全に自立しておらずオムツを使用していました。大便の場合は，オムツのなかに手を入れ，大便を触ってつけようとすることもありました。他児もそんなKちゃんの受け入れは，それ程よくありませんでした。私はKちゃんとかかわっていくなかでまずは一つひとつ丁寧に接するよう努力しました。いつになったら成長が見られるのか，自分はKちゃんとこのようにかかわっているが，その成果が果たして出てくるのか，など全く見当もつかず，不安も感じていました。でも，いつも笑顔で「Kちゃん」「Kちゃん」と名前を呼んでかかわることを続けました。

　5月11日，私のことを「おーい！」と言って呼びました。それまでとは違い，「ばか」と言わずに，私を求めて呼ぼうとする姿が見られました。私はそのとき，Kちゃんは私のことを受け入れてくれているのだと実感しました。私は本当に嬉しくなりました。そして，Kちゃんはだんだんと笑顔も増えて，すごくかわいい顔なのだということに気付きました。Kちゃんをかわいいと思えるようになり，今まで以上に，一つひとつ丁寧に接していこうと思いました。

　6月14日，初めて「せんせい」と私のことを呼んだのです。まだ発音は不明瞭で，「ねね」というように聞こえますが，私にははっきり「せんせい」と聞こ

えました。すごく嬉しかったことを今でもはっきり覚えています。2人担任で、同じクラスの私以外の先生のことを「せんせい」と呼び、朝登園すると、その先生に向かって手を振ったり、帰りのバスへ行くときにも手を振ったりして、徐々に人に対して心を開いていくような姿が見られ、Kちゃんの成長を感じました。

同時に歩行についても実践記録メモから成長する姿が見られました。

4月13日、Kちゃんは後ろから両手をもつと歩きました。

4月21日、片手で歩くようになりました。

5月15日、初めてひとりで歩くようになりました。Kちゃんはままごとが大好きで、ままごとで遊びたいという目的意識をもって、保育室の入り口からままごとコーナーまでひとりで歩く姿が見られました。この姿を見たときは、本当にびっくりしました。同時に嬉しくなり、もうひとりの先生と「すごいね！」と思わず喜び合ってしまいました。

次の日の5月16日は、同じく5メートルくらいをひとりで歩きましたが、昨日と異なったところは尻もちをついてもまたすぐに立ち、歩いていくというところでした。私はその日の出来事をお迎えに来たKちゃんのお母さんに話しました。Kちゃんが歩いたということが嬉しくて、Kちゃんの成長をお母さんにも知らせたいという気持ちから、Kちゃんがままごとコーナーまでの5メートルくらいをひとりで歩いたということを伝えました。しかし、お母さんは「そうなのですか？」と言って、Kちゃんは歩くわけがない、歩けるはずがない、と言わんばかりに信じていないような表情で、帰りは、いつものようにKちゃんを抱っこして帰って行きました。私は、Kちゃんは自分の足で歩くことができるのだから抱っこしなくても大丈夫なのに、と感じました。

5月22日の連絡帳にKちゃんのお母さんから次のように書いてありました。「土曜日に家族でレンタルビデオ屋さんへ行きました。ふと振り返るとKちゃんがひとりでスタスタと歩いていました。尻もちをついても何回も立ち上がり、歩き回っていたので驚きました」という内容でした。お母さんはすごく驚いた様子でした。これまで以上に喜んでいる様子も伺えました。それからは、Kちゃんが送りで登園するときは、抱っこではなく、お母さんと笑顔で手をつないで歩くふたりのとても嬉しそうな表情が見られるようになりました。私は、母親というのは、どんなに嬉しい出来事でも、実際に自分の目で確認し、実感

第2部　実践編

できなければ信じないのだろうかと感じました。

　笑顔が増え，明るい表情になったKちゃんの姿を見たクラスの子どもたちも，安心したのか以前よりKちゃんとかかわる姿が多く見られるようになりました。朝，Kちゃんが登園すると「Kちゃんおはよう」とあいさつをする子，降園時では「バイバイ」と手を振ってさよならをする子，給食のときにKちゃんと一緒に座りたい子，自由遊びで一緒に遊びたい子，クラス全員がKちゃんを受け入れていました。Kちゃんもさらに笑顔が増え，Kちゃん自身が友だちに話しかける姿が多く見られるようになりました。子どもたちが互いに生き生きしているようになってきました。

　この頃のKちゃんは歩くこともでき，話すことも多くなり，園内の行動範囲もだんだん広くなりました。年少さんの子どもにも話しかけたり，2階にある年中さんの保育室まで行き，たくさんの子どもに話しかけたりしていました。さらに，排泄でも成長が見られました。排泄の自立に向けて，Kちゃんの様子を見ながら時間誘導をしたり，他児と一緒にトイレへ行ったりする援助をしてきました。しかし，排泄のリズムがしっかりとできていないので，トイレでおしっこが出ず保育室へ戻るとすぐにおしっこが出てしまうなど，失敗も多くありました。だからといって紙パンツで過ごすのではなく，園では普通の布パンツをはいて過ごし，少しでも普通のパンツに慣れ，自立に向かうように続けてきました。

　11月になり，ある日突然，他児につられてKちゃんが自分でトイレへ行く姿が見られました。今までは，保育者が声をかけ，一緒にトイレへ行っていましたが，いつもと異なったのは，トイレへ行きたいという自分の意志でクラスの子どもについてトイレへ向かったのです。

　11月中旬にトイレで初めておしっこができました。「自分でトイレへ行き，おしっこが出る」という初めての体験にKちゃんはとても嬉しそうな満足げな表情を見せました。私も嬉しくなりました。成功したことが，すぐに完全に自立したということにはつながりませんでしたが，失敗しながらもトイレに行くという姿はそれから増えていきました。他のクラスの保育室にも行くことが好きなKちゃんが，いつ，おしっこがしたくなってもトイレでおしっこができるように，園全体に伝達をしました。トイレへ行きたくなると「ちー」と教えて

1　ダウン症児Ｋちゃんとの出会い

くれるので，トイレへの声かけを他の先生方にもお願いをしました。トイレのサインを見て，声をかけるということを先生方の協力を得て園内のどこでも対応ができるようになったことで，Ｋちゃんもそこにいるどの先生にも伝えるようになりました。

　排泄の自立は難しいと思っていましたが，卒園するときには自分でトイレへ行ってできるようになるなど，驚くような成長が見られました。自立が難しく，紙オムツで過ごしていたＫちゃんの姿からは想像がつかないほどでした。小学校へ上がって，環境が変わったことで失敗が増えてしまい，紙パンツを使用したことがあったようですが，その後，自立の方向へ向かい，１年生の後半には排泄の失敗がなくなったとＫちゃんのお母さんから報告がありました。排泄への援助がその子の自立への重要な意味をもっていることを学ぶことができました。

　Ｋちゃんとかかわるなかで，私自身，Ｋちゃんがますますかわいく思えるようになりました。はじめは笑顔で優しく話しかけてもにらまれるだけでしたが，だんだんＫちゃんに笑顔が見られたり話をしたりすることができるようになりました。正直，ときには少し嫌な気持ちになったこともありました。しかし，根気強く，心からかわいがり，いつまでもかかわり続けたことが，Ｋちゃんの成長を見ることができ，感じ，愛着関係をつくることにつながったのではないかと思います。私の姿を見ると「せんせい」と呼んで私の姿を確認してから遊びに行きます。私がすぐ近くにいなくても，少し離れた所から私の姿を確認し，安心できると出かけていく様子は，まるで私をお母さんと思っているのかなと感じました。時々，私を「ママ，ママ」と間違えて呼ぶこともありました。私は，Ｋちゃんとかかわることが嬉しくて楽しくて，これからもたくさんかかわっていきたいと思いました。すごくＫちゃんがかわいいと思えました。

　そんなＫちゃんも今年５年生になります。下に弟がいて，弟のお迎えや行事では，Ｋちゃんも幼稚園を出入りすることがあります。卒園後でも，Ｋちゃんは私を見て「せんせい」と言って，遠くから笑顔で走ってきてぎゅうっと抱きつきます。Ｋちゃんは今でも年賀状やお手紙を書いてくれます。そこには，"せんせい　だいすき"と書いてあり，字が書けるようになったＫちゃんの成長している確かな姿をお母さんが好意的に知らせてくれます。それと同時に，Ｋちゃんが今でも私のことを覚えていて，好意をもっていてくれることを私も嬉

しく思い，保育者としての心の支えになっています。

5 Kちゃんの変化から学んだこと
－親・保育者・子どもの関係づくり－

　Kちゃんとのかかわりのなかで，私は"愛着関係"を経験することができたように思います。学生時代に卒業論文で愛着関係はどんなものかを文献を通して学び，私なりに解釈しました。愛着関係はお母さんと子ども，つまり母子関係で成り立つものだと思っていました。お母さんに甘えたいという思いからお母さんを求め，要求を満たし愛着関係が築ける親子もいれば，何らかの理由があってうまく甘えることができず，愛着関係が築けない親子もいます。愛着関係と家庭環境は深く関係していると思います。Kちゃんの場合は，Kちゃんは3人兄弟の一番上で下に弟が2人いました。Kちゃんが年長のときは一番下の弟はよく動き，まだまだ手のかかる時期でした。ダウン症で，自分の意志をはっきり伝えることもしない，動きも少ないKちゃんは，いつもかかわりが後回しになってしまっているようでした。Kちゃんは上手に甘える機会がもてないまま，お母さんも育児放棄はしていないものの，その表情からは「困っている，諦めている」といった雰囲気を感じました。母子の間で愛着関係を築くことが難しい状況にあったようです。そんなKちゃんは，笑顔があまり見られず，相手をにらみつけ，育てていても「かわいい」と思えないことがあったのではないかと推察しました。

　私は，母子の間で愛着関係を築くことが難しい状況が生じているのであれば，保育者がまず子どもと良い関係を築き，そこから母子関係へとつなげることができるのではないかと思いました。そんな気持ちから，Kちゃんと向き合い，一つひとつ丁寧にかかわり，Kちゃんの気持ちを受け止めていくことを続けました。その結果，Kちゃんの表情，心情などに変化が見られ，一歩ずつの成長を感じました。そんなKちゃんの姿を目の当たりにしたお母さんは，嬉しさや喜び，そして何よりかわいいと思えたようです。このことが，母子の間での愛着関係へとつながっていったのではないかと感じました。

　初めてKちゃんと出会ったとき，また，初めてKちゃんのお母さんと会っ

1　ダウン症児Kちゃんとの出会い

たとき，この親子はあまり笑わないこと，触れ合わないことが気になりました。Kちゃんの仕草や表情を見て，これから幼稚園生活が始まるので，お母さんにも何とかしてもらいたい，頑張ってもらいたいと思ったのが正直な気持ちです。しかし，年長で入園したので，幼稚園生活は1年しかありません。お母さんと親しくなれるかどうかはわかりません。最初に園長先生から「とにかくKちゃんを心からかわいがる。どんなときも笑顔で名前を呼んでね」と言われ，お母さんのことは心の片隅におき，Kちゃんのことだけを見ることにしました。思い返せば，私がKちゃんをかわいがると，Kちゃんも私を慕ってくれ，表情も次第に良くなっていくことが伝わってきました。表情が良くなると，素直に気持ちを表すようになり，Kちゃんはお迎えのお母さんに自分からしがみついて，甘えようとする姿が増えてきました。それまでは，お母さんがKちゃんの手を握るのではなく手首をつかんでひっぱるようにしていました。私は，Kちゃんと手をつなぐときに，手首をつかむことは絶対にしてはいけないということを守りました。それは，手首をつかむということは，つかむ人の一方的な行為で，相手の意志を確認せずにひっぱってしまうからです。手首をつかまれることが嬉しいはずはありません。歩く時はいつも手の平を合わせて握ることを続けていくうちに，Kちゃんが手を握り返すようになり，自分から手をつなぐということをするようになりました。やがてお母さんがKちゃんをひっぱるという姿から，ふたりで手を握る，手をつなぐという姿に変わり，お母さんもKちゃんも笑顔になり，嬉しそうに歩く様子が見られました。お母さんがKちゃんを我が子として「かわいい」と思っている心情が伝わってきました。

　愛着関係は，親子でなくても愛情をもった人であれば，誰とでも築くことができ，甘えるという体験をすることで，人を信じて素直になれると思いました。子どもが甘えることはとても大切なことであるとダウン症のKちゃんから学んだ1年でした。

　この体験は子どもの育つ力を信じて，しっかりと向き合うことこそが保育の最も大切なことであり，お母さんとより良い関係づくりのためには，何事も子どものことをしっかり見守り，かかわることから始まると実感しました。

（竹の子幼稚園）

2 集団のなかでの個別的な支援を求めて
―広汎性発達障害のＹ君とともに―

山田　直美

　3年間のなかで主に遊び，製作活動の場面において1年ごとに取り上げながら，どのように個別的支援をし，どのようにＹ君の成長へと繋がったのか。また母親の様子も含め考察していきたいと思います。

1　Ｙ君のプロフィールと園の概要

1. 家族と生育歴

　父母と兄の4人家族です。3歳児検診で言語面において遅れが指摘される経過観察児でした。4月に幼稚園へ入園し，年少の1年間での様子から専門機関を受診し広汎性発達障害と診断されます。

2. 園の規模とクラス人数

　Ｙ君が入園した幼稚園は，全園児数約430人（当時）の14クラスという規模の大きい幼稚園です。年によって異なりますがＹ君がいた年次のクラス数は，年少時では6クラス，年中時には4クラス，年長時では5クラスという編成のなかで過ごしてきました。

2　入園当時のＹ君の様子

　3年保育。年少入園時は「落ち着きのない子ども。言語の発達がゆっくりで，手がでやすい」という受けとめをしました。3歳児検診で，言語面での発達の遅れが指摘され経過観察児でした。母親は入園することで子ども集団からの刺激を受けて成長することを期待していました。年少クラスの4月，5月はどの

子もそれぞれの個別の援助の必要な時期でもあり，特別に目立つことはありませんでした。6月頃になりクラス全体が落ち着くにつれて，本児への個別のかかわりの場面が増えてきました。以下，3年間をふりかえってY君の発達していった姿をまとめてみます。

3 年少での様子

1. 製作活動の場面において…（2学期後半頃）

　Y君はあるのりを使った活動で活動内容やのりの使い方が理解できていないため5本の指にべったりとつけるなどしてしまい，思うように貼ることができません。汚れる手が気になるものの，まわりの友だちと同じようにやりたいという気持ちは強く再び指にのりをつけました。右の手・左の手と両手がべたべたとなり自分では処理できず地団駄を踏みながら泣いて怒ります。

　そこへ保育者が「手をきれいにしようね」と手拭きを示し声をかけますが保育者を叩いて怒ります。少し強引ではあるがY君の手をとり拭き，きれいになった手で製作を再開しました。次はY君の手をとり，1回分の量を知らせながら一緒に貼りつけていくと，Y君のやりたいと思っていたことができたため落ち着きをとり戻していきました。

　次に大きな段ボールに上記で作った折り紙の飾りを貼る場面で，他にも空いている箇所はたくさんあるにもかかわらず，友だちが貼っている所へ行き強引に貼ろうとするため「やめて！」と押し返されてしまいました。そのため，何とかして他児のなかに割り込もうとしても入れず，思うようにならないことで大泣きし，とびはねながら部屋を飛び出していきました。保育者がすぐにY君を追いかけ肩を抱くようにし声をかけ，落ち着かせながら部屋へ向かい，貼るスペースが空いている箇所を提示しながらY君と一緒に貼っていくと，Y君は納得し落ち着きをとり戻していきました。

　そして，クラスの子どもたちは完成した段ボール迷路をやろうと保育者の言葉を待っています。しかし，Y君は飾り付けをするとすぐにトンネルをくぐり始めていきました。保育者はY君の行動を止めず他児もすぐにトンネルくぐりができるように声をかけY君の後について一度だけくぐり，その後はひざにい

れ一緒に順番を待ちました。一度できたことで納得し保育者と次の順番を待つことができました。

2．遊びの場面において…

　はじめの頃はすべり台やトランポリンをよくやっていました。年少の後半頃には友だちがやっている姿を見て自分もしようとすることで遊びの幅が広がります。砂遊びでは興味をもち砂場に向かいましたが直接手で触ることができず，持ち手が汚れていないスコップを使って遊んでいました。ひとり遊びまたは保育者とおいかけっこをして楽しむなど，Y君のやりたい遊びに保育者も参加していきながらマンツーマンでのかかわりが主でした。3学期頃になると特定の友だちであれば受け入れることもできるようになり，他児がY君をリードしながら遊ぶ姿も見られるようになっていきました。

3．母親の様子

　年少の頃は障害について診断されておらず，兄や同世代の子どもたちに比べて手がかかり，言うことをきかない子と感じていました。他の子と同じようにやらせたいという気持ちからY君の行動を止めたり，叱ったりすることが多く，育てにくさを感じていました。1・2学期と様子をみて3学期のまとめにおいてコミュニケーションがとりにくい，かんしゃくを起こしやすい，多動であるなどの具体性をもたせながら伝えていき，専門機関へ行くことをおすすめしました。そこで広汎性発達障害と診断がおりました。

４　年中での様子

1．製作活動の場面において…（2学期半頃）

　保育者がのりを付ける量・箇所・貼る場所・汚れた手を雑巾で拭くことなどを個別に一つひとつ言葉がけをし，Y君はその言葉に耳を傾けながら完成させていきます。しかし，集中力が続かず周りの友だちが完成させ遊びへと向かうと意識がそちらにいき活動が急に雑になり途中でやめてしまうこともありました。

2. 遊びの場面において…

　自分の好きな遊びをみつけ楽しむことはできますが，ひとり遊びが中心でした。保育者がＹ君の遊びへ参加していきながらクラスの子どもたちが来たときには声をかけ，ときには仲介をしながらＹ君の周りに友だちがいる環境ができるよう配慮していきました。しかし，かかわり合いがもたれても語彙が少なく発音も不明瞭なためコミュニケーションがとりにくい状況でした。

3. 製作活動の場面において…（3学期半頃）

　保育者が個別につきましたが，Ｙ君は友だちの動きを模倣し自分なりに必要なものを取りに動いたり，作ったりしていきました。途中，わからなくなっても保育者に聞き最後まで怒ってしまう場面にならず活動を楽しみながら参加できるようになり，完成すると嬉しそうにみせにきました。保育者は隣で見守りながら必要なときには手をかし，様子を見て身を引くというように援助していきました。

4. 遊びの場面において…

　友だちがやっていることを見て「やるう！」と保育者に伝え一緒に友だちと同じことをやってみたり，友だちのやっている遊びのなかへ参加していくようになりました。

　しばらくすると，クラスの友だちから遊びへ誘われたり，Ｙ君のなかにも特定の友だちができます。しかし，ひとりで友だちのなかに参加していったりすることは不安なようで保育者を頼ることも多くありました。言葉数も増えてきたのですが模倣してきたことをそのまま使うことも多く，たとえば「入れて」＝「ダメよ」が本児のなかではセットで１つの言葉となっておりときには相手を傷つけてしまい保育者に注意を受けてもなぜ自分が注意されているのか理解できず葛藤することも多くありました。友だちとのかかわりを通し徐々に仲間を意識する気持ちが芽生えていきました。

5. 母親の様子

　年中へ進級をしてすぐに，園で障害のある子どもがいる母親たちで行われている「木の子会」という親の会（母親の方から話し合える場を設けていきたい

という声から場を提供してきました。ここ十数年は母親たちだけで運営されるようになっています)。に参加することを勧めると積極的に参加していきました。広汎性発達障害という診断がおりたとき母親自身は今までの育てにくさから「やっぱり」ということもあり受け止める柔軟性があったことで，子育ての仕方にも変化がみられていきます。年少のときのような理由で叱ることはなく，日々，保育者との連絡帳でのやりとりからみえてくる子どもの姿や家庭での姿に合わせたかかわり方や対応をするようになり，またときには保育者のかかわり方やアドバイスを参考にしながら母親なりに実践するなど努力していることもみられました。

5 年長での様子

1. 製作活動の場面において…（1学期後半頃）

　活動に意欲をもち落ち着いて保育者の説明を聞き何をするのか理解し行動できるようになっていきました。のりの使い方もわかり，量や手を拭くこともスムーズにおこなえるようになり，わからなかったり，自信がなければ保育者に聞くということもできるようになりました。

　保育者は離れた場所にいるがY君の様子は常に気にかけているようにします。しかし，何か考えている様子があったとしてもすぐに駆けつけるのではなく見守り（もしかすると友だち同士で解決にむかうかもしれない……)，必要だと判断したときには援助をしていきました。

2. 遊びの場面において…

　自分のやりたい遊びへ向かう。そこへ友だちが参加していき自然とクラスの仲間と一緒に遊んでいます。遊びの最中にたとえば，

　　友だちA　　：「い〜れて」
　　Y　　　　　：「Aちゃんはダメ！」
　　友だちB　　：「そんな意地悪いっちゃいけないよ」
　　Y　　　　　：「Aちゃんごめんね。いいよ」

など保育者がそばにいなくても友だちとやりとりしながら遊べるようになりま

した。しかし，まだまだ相手の気持ちをわかり心を込めて伝えることが難しいときも多く，保育者にいわれても納得がいかずに泣いてしまうこともあります。しかし，我慢する様子も伺えます。

3. 母親の様子

　就学を控え悩むことも多いようでした。幼稚園生活において集団のなかで刺激を受けて育っていることを強く感じられているため，できる限り個々のかかわりが多い通常の学級に入れたいが小学校側としては個別の対応の方がいいのではないかと指導していました。兄がいるため小学校のことはよくわかっており，そのため通常の学級に入れば個別な対応が難しいことは予測がつき，教えて学ぶ部分と自らかかわって学ぶ部分とどちらがいいのか揺れていました。

6　まとめ

　年少時では，Y君は自分の思いが自分でうまく処理できないため混乱することがたびたび起こりました。しかし，いったん納得すれば気持ちのきりかえはどのようなことにおいても早かったです。事例の保育者の動きからわかるように，混乱した状態になったときにはすぐに対応し言葉よりも行動でY君がやろうとしていたことへすばやくもっていくことでY君は納得し落ち着いていきました。混乱している姿をどうにかしようではなく，本人が何に困って混乱してしまっているのかという方へ視点を向け対応していきました。強引なやり方に聞こえそうですが説明的な言葉がけよりも即行動の支援をしていくのです。また無理強いをしてまでも集団のなかへ合わせていくのではなく，本人が興味を示したときやその子の動きのタイミングに合わせながら援助する個別的支援をしていきました。

　年中時では，年少での友だちを意識する育ちをつなげていくため，前半は意図的に集団のなかへ入るタイミング・環境をつくっていく個別的支援をしていきました。後半になり自ら集団のなかへ入りかかわりをもとうとするようになったことで，友だちとのやりとりを見守っていき必要なときには仲介に入り，様子を見て身を引くというようにひき際を見極め，できる限り子ども同士での

かかわり合いが継続していけれるような個別的支援をしていきました。

　年長時では友だちとのかかわり合いが深まり，まだ少し言えない文字があるものの（たとえば，「ちょっとまっけえ～」となってしまう）言葉も多く出てくるなかで自然なやりとりができるようになってきました。しかし，なぜこの言葉を相手に言うのか，この言葉を伝えることで相手はどのような気持ちになるのかということを考えられるようになることが難しいため，本人の生活する実際の場面からその都度伝え理解できるような個別的支援をしていきました。3年間を振り返り本人の育ちに合わせながら個別的支援をしてきたことがみえてきました。何かをするたびに混乱を起こしてもそのときの育ちに合わせた対応をすることで，本人はちゃんと学習していることがわかりました。決して混乱が無駄ではないということです。

　人と人とのかかわり合いがどれほど育つ上で大切であるかということをあらためて実感しました。人とかかわることでかかわり方・言語・知識などを学んでいきます。Y君の場合も友だち関係ができるにつれぐんと成長がみられます。保育者とマンツーマンだけのかかわりであっても信頼関係があれば子どもは育っていけると思いますが，そこには限られた世界しかないと思います。人間は一人ひとり違います。ですからひとりでも多くの人とかかわり合うことで世界は広がり刺激も多く，良いことも，悪いことも含めたくさんの経験を積むことができます。このことは人が育つ上で最も大切なことだと思います。集団に入りにくい子どもがその経験をできるようにするには，やはり個別的支援が必要となりその支援をするにあたり保育者が子どもの姿をしっかりと把握し本人自身が1年1年心身共に育っていること，また一緒に生活している周りの子どもたちも育っているということを忘れずに，今はその子どもにとってどのような個別的支援がいいのかを判断しながら保育していくことが大切だと思います。また，保育者も同様です。ひとりきりで保育をするのではなく園全体で支援体制をとり，たくさんの保育者の目でY君を見守り，気付きを共有し，対応がその場限りにならないことでY君の成長をしっかり支えられたと感じています。Y君の仕草や言動でも保育者によって感じ方やとらえ方が違っていて当然であり，発見もあるからです。

　今回母親についても少しふれてきました。障害を受け止めわが子に合ったか

かわり方（子育て）をするようになったことでY君が落ち着いて生活することにもつながりました。落ち着いた生活が送れるということは心にも余裕があり多くのことを吸収しやすい状態にあります。ですから母子関係も子どもが育つ上でとても大切なことであると改めて感じます。保護者も普段の園生活のなかであったり，行事のなかで障害のある子どもたちがどのように生活しているのか，保育者が援助しているのか，子どもが育っているのかをたくさんの場面を見てきています。ですから自分自身の子どもに障害があるとわかっても受け入れやすいということにつながっていく1つの環境としてあるのかもしれません。

（前　竹の子幼稚園）

3 教師集団で力を合わせる取り組み
T君と一緒に大きくなった先生たち
―自閉症のT君と過ごした3年間―

想厨子　伸子

　発達障害をもつ子どもたちが幼稚園で楽しく過ごせるために，そしてその子に合った発達を保障するための教師集団の取り組みについて試行錯誤のなかで学んだことを，私の勤務する幼稚園にいたT君の記録をもとに記します。

1　T君のプロフィールと園の様子

1. 家族と生育暦
　T君の家族はお父さんとお母さん，2歳年下の妹の4人暮らしです。
　お父さん，お母さんは遠方のご出身でご親戚は遠く，日常的にはお母さんとお父さんが力を合わせて子育てをしていらっしゃるという印象でした。
　入園前に「自閉症」と診断されていましたが，療育施設の定員（受け入れ）の関係もあり，なかなか施設には通えない状況でした。

2. 園の規模とクラス人数
・年少クラス定員24名　4クラス　年中クラス定員35名　3クラス
　年長クラス定員35名　3クラス
・園長　教務主任　担任　ティームティーチング　（以下TTと記す）
・2006年度より，しあわせ先生（特別支援が必要な園児2名につき1名のしあわせ先生）が配置されました。

2　T君の入園

　O市にある本園では，C地区の私立幼稚園の取り決めで，例年10月に翌年4月からの新入園児の園児募集をします。募集の方法は，事前に行う入園説明会で，保護者が園の教育方針や趣旨を理解した上で10月1日に入園願書を提出します。定員になったら締め切り，翌日入園面接をします。
　入園面接の基準は，本園で集団生活をすることで，その子が幸せになれるかどうかを判断することです。私学経営のために学級の定員削減は困難です。翌年の4月（満3歳）から24人定員の年少児の学級で，その子に安全で豊かな発達を促す保育ができるかという観点で「大人の話していることがわかるか」「言葉が出るか」「外に飛び出し，高い所に上ってしまうなど危険を予測されることはないか」の3項目で行います。

　T君は2005年の10月に，ご両親と一緒に幼稚園入園を決めるための入園面接にやってきました。お父さんが「うちの子は自閉症と診断されています。面接には"ダメもと"で来ました。受け入れてもらえるのならお願いします。だめなら他をあたります」と大変はっきりと，しかしクールに言われました。
　本園は大学の附属幼稚園とはいっても，私学経営のため，前述のように学級定員は年少24名，そして年中・年長の定員は35名です。障害のある子どもたちも入園していますが，担任とTTの教員が支援できる範囲内で保育を行っています。したがって障害が重いと判断する場合は，面接を行った上で専門の療育施設に通所を勧めて，その後の成長を見た上で2年保育で入園したケースもあります。
　お父さんのクールな言葉の様子からT君には2歳年下の妹もおり，「お母さんやお父さんも子育てに余裕がなく，T君に十分関わる時間がないのでは」と思いつつ，私と同僚の教務主任とともに入園の是非を定める面接を行いました。T君は面接会場（保育室）に来るまでは走り回っていたようでしたが，保育室に入るとブロックを見つけて組み立て始めました。会話も簡単な質問に答える程度なら5回のうち1回ほどは返ってきて，大人の話はある程度理解でき

ると判断し,「条件付き」で入園してもらうことにしました。

　条件とは次の点でした。翌年の4月に入園するまでの期間（約5ヵ月）は, 専門の療育施設に通って療育を受けたほうが良いと判断し, 市内の療育センターに連絡をとり, 可能なら週1回でも母子で通所してもらうことでした。

　この施設では, 2〜3歳児は少人数クラスでの母子通園を原則にしています。母子関係の確立を大切にして, 療育の先生や保育士さんの指導のもとで1日を過ごします。生活のなかで, 子どもの成長をみんなで認め合い, 母子関係をあたたかいものにしていくということが基本にあります。

　早速T君のお母さんが療育センターに申し込みをしたのですが, 2歳児はすでに定数が満たされており, 通所児がキャンセルした日だけT君が通えるということで, 幼稚園入園前は毎週の療育センターへの通所は難しい状況でした（翌年の4月からは, 週1回の通所が可能になりました）。

3　T君の園生活のなかで

1. 年少児　高いところが好き！　走り回るT君

　T君の入園については, やや多動の本児がクラスに居場所ができるまではTT教員が個別に支援するという計画をたてましたが, 実際のT君とかかわりながら具体的な方針を立てていこうということにしました。

　2006年4月, 入園式を迎えました。式が終わって帰る際にご両親が, 担任になったS先生に「最近高い所を好むようになりました。実は先日マンション6階のベランダから下に落ちました。植え込みに落ちたおかげで, かすり傷程度で済みましたが, 安全の方を, よろしくお願いします」と伝えられました。「ただごとではない」と担任・園長・教務主任で話し合いをもちました。そして, T君の安全のために幼稚園では下記の点が必要だということで一致しました。

　① 　TT教員（K先生）がT君を個別で支援する。
　② 　散歩など外に出る行事には, 両親のどちらかに来てもらう。
　③ 　週1回は通所施設に母子通園し, 専門の療育を受ける。
という内容で家庭訪問の上, 保護者の了解を得ました。

年少のクラスにT君が居場所をみつけるには，予想していたより時間がかかりました。他の年少児も，初めて親元を離れる集団生活のため不安になり，泣いたり動き回ったりするという状況でしたので，T君もクラスでは余計に落ち着くことができなかったと思われますが，なかなかクラスでは安定しませんでした。

　そういった状況も考慮し，TT教員のK先生は，個別にT君の好きな外遊びにたっぷり付き合いました。しかし，クラスに入ってもすぐに外に行きたがるので「メリハリをつけよう」と外に行くときは担任のS先生に「行ってきます」と伝え，S先生から「行ってらっしゃい」と言われてから出かけるようにしました。

　外遊びが好きなT君は，毎日K先生の外靴をもって「Kせんせ，公園行こ」と誘っていました。先生は「また来たかー」と言いながらも，とてもかわいがって一緒に付き合いました。

　はじめは「けがをさせないように」ということを中心に考えていた私たち保育者も，T君と一緒に滑り台を滑ったり，他の子には内緒でT君の好物のチョコレートを一緒に食べたり……ということをするなかで，T君がとてもかわいくなってきました。そういった私たちの心をTくんは誰よりも敏感に感じ取り，たっぷり甘えてくれるようにもなりました。大人の枠にはめて「〜ができるから良い」ではなく，T君の良いところが見えてきたのが6月頃でした。

2. T君の生活，家庭では？…保護者とのかかわり

　T君の基本的生活習慣の確立については，じっくりと時間をかけて取り組みましたが，なかなか思うように身についていきませんでした。

　年少の2学期の終わりになっても給食を食べかけで立ち歩いたり，脱いだ服は脱ぎっぱなしで廊下に飛び出したりという状況が続いていました。

　そこで，家庭でも共通することが多い食事や衣服の着脱などについては，家庭と同じ方針で接していくようにしようという思いで，担任のS先生・教務主任・園長とともにご両親と話し合いをもちました。その場では，入園してからそれまでのT君の言葉や先生・友だちとのコミュニケーションの成長を伝えたうえで「食事のマナーをもう少し身につけていきたいと思います。家庭で

も食事の時間は座って食べられるようにしましょう。少しでも座って食べたらできるだけほめましょう」という提案をしました。

　それに対してお父さんは「(発達診断を受けて，その後定期的に通っている)M病院では，『5歳ごろになったら本人も落ち着くので，特に強制はしなくてよい』と言われています。そのため，家では特に座って食べるようには強制していないのです」と言われました。

　園長先生は「強制ではありません。T君もクラスのみんなも気持ちよく生活するためのマナーです」と伝えました。お母さんは「わかりました。家でも食事は少しずつ座って食べるようにしつけます」と答えられました。

　病院の意見，幼稚園の集団生活，そして下の子も含めた育児……いろいろな局面にぶち当たり，お父さんもお母さんも悩んでいました。しかし，けじめが大切ということをはっきりと伝えたため，理解していただけたようでした。

　「見通しをもたせる」ことを大切にし，園では「食事が終わっても『ごちそうさま』をするまでは座って待ち，食べたらK先生と公園に行ける」ということを毎日の約束にしました。

　その後，お母さんは発達支援センターにもT君を連れて2歳下の妹と一緒に週1回は通所されるようになりました。園での生活でもT君が先生の話に注意を向ける時間が少しずつ長くなるなどの変化が現れてきました。

3. 年中児　T君の体力はすごい

　翌年の4月，年中クラスになり，担任はW先生になりました。その年から，園としてT君担当として加配の先生（U先生）に来ていただくことが財政的にできるようになりました。園長先生は加配の先生のことを「みんなを幸せにしてくれる先生だから『しあわせ先生』とよぼう」と提案しました。

　担任になったW先生は「まずT君と仲良くなりたい」と，クラスの子どもたちの保育をしあわせ先生にお願いして，初日の半日はT君と一緒に同じことをしてみました。

　朝の支度（着替えなど）はきちんとさせ，遊具のある公園に行く⇒周囲の植え込みに顔をくっつけて2回周る⇒滑り台・ジャングルジムてっぺんのぼり⇒ドングリの木のまわりを走る⇒芝生で寝転んだと思うとすぐ立ち上がる……と

いった繰り返しにつきあい，汗だくになったW先生の発した言葉は「T君の体力はすごい！」でした。T君は走り回りながらもW先生が同じことをしてくれるのが嬉しくて，とても良い顔で笑っていました。みんながやっている運動にも少しずつ興味を示し，クラスの子がみんなできた後ではありましたが，跳び箱やリレーもやってみるようになり，クラスの子どもたちの拍手をいっぱいもらいました。

4. 魚と恐竜が大好きに

　T君はこの頃から恐竜や魚に興味を示すようになりました。文字が読めるようになったため，それらの名前を次々に読んでは覚えていました。これには周りの子は太刀打ちできず，T君は一躍「魚博士」「恐竜博士」になりました。

　なかでも「クラゲ」の絵を描くのに夢中になっている時期があり，職員室にやってくると，教職員の連絡用の黒板にくらげを描くことにこだわり，黒板いっぱいに描いてから次の活動に移るということが1ヵ月ほど続いていました。

　T君がくらげを描いていると職員室に入ってくる先生たちはT君に声を掛けました。

　　先生たち：「うまいなあ」「これは何クラゲっていうの？」
　　T君　　　：「えちぜんクラゲ！」
　　K先生　　：「じゃあこれは？」
　　T君　　　：「W先生クラゲ！」
　　K先生　　：「私のクラゲも描いてくれる？」
　　T君　　　：「K先生クラゲ！」

などとT君を囲んでくらげ談義が弾んでいました。

　そしてクラゲだけでなく，サメやウナギをはじめ，さまざまな魚の絵も生き生きと描くようになりました。

第2部　実践編

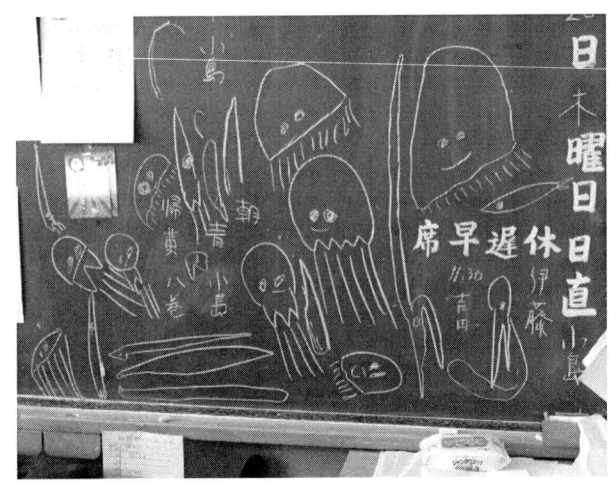

T君が職員室の黒板いっぱいに描いたクラゲの絵

T君が描いたクラゲ・サメ・ウナギの絵

5. 年長児　ジンベイザメが「心の友」に

　年長になるとT君のいるグループは，T君の最も好きな魚の名前をとって「ジンベイザメグループ」となりました。「T君はすぐ動いちゃうけど，お魚の名前を教えてくれる」とIちゃんが言うと，他の子も「恐竜の名前もすごく知っ

てるよね」とＴ君のいいとこ探しを始めるようになりました。

　Ｔ君がクラスの仲間に魚の名前を教えたり，図鑑を見せているということを担任がＴ君のお母さんに伝えると，お母さんはＴ君のもち物に他の子と間違わず楽しんで身支度ができるようにと魚の絵を描いたり，魚のキーホルダーを作ってもたせてくれました。

　また，みんなと一緒には歌を歌わないＴ君でしたが，聞き覚えは難しいと思い，Ｗ先生がクラスで歌う歌をすべて絵と文字の入った歌詞カードにしました。するとやや単調で，お経のようではありましたが，Ｔ君は歌詞カードを見て歌えるようになってきました。

6. 竹馬に挑戦

　年長（こすもす組）になると「お父さんやお母さんに作ってもらった竹馬に乗って遊べるようになろう」という活動がありました。これはこの園の年長組の毎年恒例の活動です。

　最初は誰もできない竹馬ですが，毎日練習するなかで，必ずできるようになる活動です。Ｔ君は知らんふりで走り回っていました。Ｗ先生としあわせ先生のＵ先生はこの頃クラスのなかで"Ｔ君は先生の言うことを聞かない子""変なことばっかりしてる子"という見方が芽生えているのが気になり，なんとか竹馬に乗れるようになった姿をクラスのみんなやお母さん方に見せたいと思っていました。そこで，日に１回でも竹馬に触れさせようとしました。しかし，継続が苦手なＴ君は少し竹を握ってはすぐに放り出していました。

　何か良い手はないかと悩んだ挙句，Ｗ先生が竹馬に絵を描きました。ちょうど手の位置にあたる所に，クラゲが口をあけている絵を描き，Ｔ君の手の甲の竹を握る位置にクラゲの餌の絵を描きました。そして先生が「クラゲさんは，おなかがすいています。Ｔ君，ちゃんと食べさせてあげてください」と言うとＴ君は「はい〜」と竹をしっかり握って竹馬の下駄の上に登りました。すかさず「Ｔ君すごい！　竹馬に乗ってるよ」と周りの保育者も子どもたちもＴ君を褒めると，竹馬に乗ろうとする回数も増え，３メートルほど歩けるようになりました。なんとかＴ君が竹馬に乗れるように応援したくて，広告用紙にジンベイザメを描いて，「ここまでおいで」と竹馬で進む目標にしていた子もいました。

7. T君を信じて毅然と要求する

　T君は「最後までやり遂げること」が苦手でした。クラスのみんなの竹馬の到達点は，約10メートルの距離に置いてある「ジンベイザメ」の目印でした。

　お父さんやお母さんに竹馬を見てもらう参観日のことでした。「T君ががんばれるところを他のお母さん方に見てもらいたい」と先生たちは思っていました。しかし，T君は5メートルは竹馬で歩けるようになっても，そこを過ぎると竹馬を放り出してしまい，他の子の目標としている10メートルのところまでは行かない状況が続いていました。私も含めて周りの先生たちのなかに「T君は今日はここまでで十分がんばったということにしようか」という雰囲気が流れていました。

　そこへM先生が来て「T君，なにやってるの。みーんなジンベイザメのとこ（10メートル）まで竹馬で歩いていってがんばってるよ。さあ，T君もやるよっ」と言うとTくんは"見つかっちゃった"というような顔をして，がぜんがんばりはじめ，10メートルの竹馬歩きを達成することができました。T君は先生たちだけでなく，多くのお母さん方の「おめでとうコール」を受けて，照れながらも満面の笑顔でした。それを見てT君のお父さんも「M先生の一声はすごいですね。おかげでTもやる気になれました」と言われました。

　障害があっても時には毅然と要求し，がんばれたときにみんなで心から褒め

歩き始めた竹馬　　　　　みんなの応援を受けて，
　　　　　　　　　　　　1歩ずつ歩きました

るということの大切さを感じた瞬間でした。

4　教師集団の対応……事例検討会

　T君をはじめとして「気になる子ども」たちのことを、一部の先生だけで考えるのではなく、幼稚園の先生たち全員でかかわって学習したり意見を出し合ったりすることで理解を深め、みんなで子どもたちの成長にかかわっていこうという趣旨で、2006年より、定期的に全教職員で事例検討会を行うことにしました。

　該当の子どもたちはT君を含めて4名いました。受けもちの先生がレポートし、他の先生で気のついたことを出し合って意見交換をします。そういったことを繰り返していくなかで、どの先生も「気になる子」を他のクラスのことだとは思わず、進んでかかわり、職員室でも話題にする雰囲気も生まれてきました。

　また、教員間で時間の配慮をして、W先生としあわせ先生のU先生とは週1回30分の打ち合わせを行うことができるようになり、U先生もクラス全体の保育を把握したうえで、計画的にT君にかかわれるようになりました。そのため、「今日は○○を作るよ。さあ、はさみとクレパスを出しましょう」などと担任がクラスの子どもたちに伝えるのと一緒に（あるいは必要に応じて担任より先に）T君に絵や文字も使いながら伝えることができるようになりました。その結果、T君に見通しをもたせることができるようになりました。そのことで、T君が興味をもち続ける時間が長くなり、注意したり叱る回数も減ってきました。

　W先生は仕事が終わってから、障害のある子どもたちの療育についての学習会に参加したり、T君の通っていた療育施設を訪問したりするなかで、「自閉症スペクトラム」についての理解を深めて、園での学習会の提案者をすることもありました。そして「T君にどうしてあげたらいいか悩んでしまうことも多かったのですが、学習会に行くようになってT君のおかげで勉強できるようになった気がします」と明るく話していました。

　2007年、T君が年長の夏に、お父さんの仕事の都合で、翌年の4月から他県に転勤するということが決まりましたが、3月まではその準備期間で"週4

日休み"となりました。その年の4月にT君の妹が年少組に入ったのでお母さんも時間的な余裕ができ，夫婦で幼稚園に来られる回数が増えてきました。

お父さんには周りの保育者や担任が「T君はこんなことができるようになりました」「結構女の子に人気があるんですよ」などとT君の成長を頻繁に伝えました。するとお父さんも「おう，T君やるじゃない。お父さん似かな」などと話され，和やかな雰囲気もできてきました。

その年は，園で11月に行ったクラス懇談会にもご夫婦で出席されました。そこで，T君のお父さんがその会に参加したお母さん方（平日のため，ほとんどの参加者はお母さんです）に「いつも妻を見て思うのですが，母親は本当に大変ですね」と発言され，お母さん方に「理解のある父親・夫」の代表のように見られて，羨ましがられるほどでした。

クラスのなかには「担任のW先生はT君に手がかかって大変だから，うちの子はあんまりW先生に見てもらえないのじゃないか」といった気持ちをもったお母さんもいましたが，T君のご両親が学級懇談会にも夫婦で出席してくださったことで話も弾み，これをきっかけに周りのお母さん方のT君を見る目も優しくなってきたように思います。

5　1年生になったT君

T君はお父さんの仕事の都合で，家族で県外のM市に転居し，N小学校に入学しました。巣立った幼稚園とは全く地域が異なったことで，日常的な幼小の連携もなく，何かと心配していました。

T君の転居したM市はインクルージョン教育を原則としており，T君は普通学級に入学しました。

「小学生になったT君に一目会いたい」と元担任のW先生は2009年の秋の小学校授業参観に新幹線に乗ってこの学校まで出かけて行きました。そしてT君のことを「加配の先生の応援ももらいながら，授業に参加し，ちゃんと挙手もしていた。女の子たちから結構かわいがられていたしね」と感激して帰ってきました。

6 おわりに

「T君が高いところから落ちないように。けがをさせないように」と私たちが緊張していたときは，教師のT君に注がれる目も「危いことをしないだろうか」「高いところには行かせないように」といった気持ちが先に立って，穏やかなものではなかったと思います。そのため，T君も幼稚園では安定できなかったと思います。しかし，T君の描く魚の絵を「いい絵だねえ」などと楽しみ，本児のちょっと変わった行動もあたたかい目で見る余裕ができると，心からT君をかわいいと思えるようになり，お父さんやお母さんと一緒に楽しんでT君の話ができるようにもなりました。

また，T君の成長と安全のために園内の教職員間で常に話し合ったことや，事例検討会を始めたことで，少しずつではありますが教員も幼児の発達や発達障害について学習し，気づいたことを話し合う環境ができました。T君をきっかけに始めた研究会ではありましたが，事例検討はその後も定期的にすすめられるようになってきました。そういったことを通して，教員が乳幼児の発達や障害について学習をしたり園外の研究会に出かけたりする機会も増えてきました。今後は，研究会の中身をより充実させるために，子どもたちの記録のとり方や子どもの成長・発達についての見方を深めていく必要を感じています。

子どもも保育者も，そして保護者もお互いに良いところをみつけ，信頼関係を築きつつ活動していくといったスタイルを大切に，保育活動を進めていきたいと思います。

(至学館大学附属幼稚園)

4 自分のことが自分でできる
きっかけになった年中児の合宿
―自閉症児のＣ君の取り組み―

右髙　瑞恵

　一昨年度，私は，自閉症児Ｃ君を含む 35 人の年中児を担任していました。１学期の最後に行った，園行事「年中合宿」を，Ｃ君が仲間と共にどう取り組んだのかをまとめ，考察していきたいと思います。

1　Ｃ君のプロフィールと幼稚園の様子

1. 家族と生育暦

　Ｃ君は，2005 年生まれ，父母と３歳違いの姉がいます。２歳で自閉症と診断され，２歳８ヵ月より１年間，市の発達支援センターに母子通園し，2008 年４月に本園の年少クラスに入園しました。年少クラスでの主な様子は，新しい生活に不安を感じ泣き叫ぶことはありましたが，徐々に園生活に慣れ，ずいぶん落ち着いて生活できるようになりました。また，友だちとのかかわりよりは大人のそばが安心でき，大人に話しかけることが多い毎日でした。そして，アンパンマンやばいきんまんのお話が大好きな子でした。2009 年の４月，年中組に進級し，私が担任しました。

2. 幼稚園の概要

　本園は，中京女子大学（現至学館大学）の実習園としてＯ市の大学構内に，1965 年に創設されました。
　Ｏ市は，トヨタ系の社宅が多い地域でサラリーマン家族がほとんどです。現在，園児数は 300 人余りで，10 クラス（年少４，年中３，年長３）あります。

3. 年中合宿とは

　年中合宿は，1979年より開始され，およそ30年間続いています。年長合宿は園外（愛知県民の森）に1泊しますが，年中合宿は幼稚園内に1泊します。
(1) 年中合宿のねらい
　親元離れて，先生や友だちと一緒に過ごすなかで，「ひとりで泊まれた」という体験をすることで，自信をつけさせます。そして，「自分のことは自分でする」という自立の一歩となるような楽しい合宿にします。
(2) 留意点
　親元離れて1泊するということは，ほとんどの子が，初めての体験で，不安もあると思われます。そこで，期待や楽しみがもて，安心して参加できるように，テーマを決めて計画していきます。そして，1クラスを半分に分け，少人数のグループで活動し，C君には補助教員がついて安全な指導をします。
(3) 今回の年中合宿は…
　今回は，アンパンマンやばいきんまんの大好きなC君のことを考慮して，テーマを「アンパンマンの国の夏祭りにいこう」として，園全体で取り組みました。
●日時：7月21日午後2時〜22日午前10時まで。
（毎年，全教職員で取り組むため，年少，年長児が夏休みになる時期にしています）
●内容：後に記しますが，合宿当日を迎えるまでには，導入，下見，準備，リハーサルと，約2ヵ月の過程があります。

2　C君の気になる行動とその理解

　新学期，年中クラスは，クラス替えをして，新しい担任や友だちになります。
　年少時の1年の成長をもとに，年中組の保育目標は，
・自分のことは進んで自分でできるようにする。
・友だちとかかわって遊べるようにする。
・自分の気持ちを言葉で伝えられるようにする，の3点にしました。
　C君に対しても，様子を見ながら，みんなと同じ目標で，指導をしていくことに決めました。

第2部　実践編

1. 新学期当初の様子

　自由遊びでのC君は，戸外遊びよりは，室内でのブロック遊びが大好きで，組み合わせてメカニックを作って遊ぶことが多く，また，友だちとのかかわりは少なく，ひとり遊びが目立ちました。おしゃべりや自分の思いを言葉にして担任に話しかけることが多い日々でした。また，担任の話は良く聞いていました。

　ある日の朝，担任が，子どもたちの片付けを急がせるような考えで，始まりの歌のピアノを弾き始めました。朝は，元気に歌を歌うことから始めるのが日課になっていました。他の子は急いで椅子に座り歌い始めましたが，C君は，突然不安になり，「まだ，お茶を飲んでない。どうして待っててくれないの！」と泣き叫んできました。担任は「ごめんごめん」と謝りながら，「大丈夫だよ。待っているから，お茶を飲んでいいよ」となだめましたら，しばらくして落ち着きました。私の大失敗でしたが，このように，C君は，不安になると大声で泣くことがありました。そして，不安になったとき，そばに安心できる大人がいてほしいという思いがあることもわかりました。そして，年少のときにも，パターン化された生活と違う体験をさせると，抵抗が大きい場面もありました。親元離れる合宿は，大きくパターンからはなれます。そこでさまざまな工夫をして，C君が安心して参加し，楽しみ，そして，この体験を通して少しでもみんなのなかでたくましくなってくれることを願いました。

2. 年中合宿の取り組みのなかでのC君の姿

(1) 合宿導入での様子

　合宿の約1ヵ月前の6月12日，下記のような内容で，合宿の導入をしました。
　年中児全員で大好きなアンパンマンのビデオを見ていたら，突然，年少組の先生扮するバタコさんが登場しました。バタコさんから「皆さん，元気！？今度，みんなが合宿するとき，アンパンマンの国の夏祭りがあるの。来ない？」と誘いがありました。子どもたちみんなは，すぐ「行く行く」とのってきました。もちろんC君も目を輝かせて，バタコさんの話を聞いていました。バタコさんは，「でも，アンパンマンの国には，みんなも知っているとおり，ばいきんまんもいるよ。ばいきんまんのいじわるにも負けない強い子じゃないといけ

78

ないよ」と話しました。「みんな，強い子になってきてね」と言われると，どの子も，張り切って「いいよ」と返事をしていました。そして，C君は「アンパンマンの国に行きたい！！ ばいきんまんは，本当に出てくるかな？」とアンパンマンの国を想像し，楽しみが持てたようでした。導入成功です。

その後，お母さんからも，「今のところ，合宿に行く気満々です」と報告がありました。

C君は今までお母さんから離れて泊まった経験はありませんでした。それなのに，合宿を楽しみにし，合宿に対して心配や不安を感じていません。それほどアンパンマンの国には魅力があることを改めて思い，C君のアンパンマンに対する思いの強さも感じました。

(2) アンパンマンの国づくり

まず，合宿に向けて，子どもたちの期待を裏切らない「アンパンマンの国づくり」が私たちの仕事です。

子どもたちは，すでに，やなせたかしさんのアンパンマンの世界は知っていますので，その世界を大切にしながら，合宿を盛り上げるために，私たち（教師集団）の思うアンパンマンの国づくりをしました。合宿当日の舞台は，アンパンマンの国の夏祭り会場としました。アンパンマンの国で繰り広げられるストーリーは，次のようなものでした。

案内役のバタコさんはじめ，アンパンマンや，ジャムおじさん，そしてアンパンマンの仲間たちが勢ぞろい。でも夏祭りの主役になるタイコマンとはなびまんがいません。どうしたのか心配していたら，ばいきんまんが，アンパンマンたちの楽しい夏祭りを壊してしまおうと，タイコマンとはなびまんをさらっていったのでした。そこで，正義の味方アンパンマンが，ばいきんまんをやっつけようと戦ってくれますが，ばいきんまんにやられてしまいます。そこで，夏祭りに来た子どもたちが，アンパンマンの応援をして，ばいきんまんをやっつけるという結末です。そして，ばいきんまんも謝ってみんなと仲良く夏祭りをすることができ，めでたしめでたしという設定です。途中，かびるんるんがいたずらでクイズを出したりしますが，みんなの力でクリアできるようにします。登場人物には，教員や学生さんたちがかぶりものやお面でなりきっていて，子どもたちはみごとアンパンマンの世界を堪能することになりました。

(3) 強い子になるための修行での様子

　合宿の導入で，バタコさんから，強い子になるための課題が出ています。そのために，「勇気りんりんカード」を作り，課題ができたら，スタンプを押すことにしました。そして，全部達成できたら，夏祭りに参加できる招待状になる設定にしました。そのなかに，一本歯下駄で歩くという項目がありました。(一本歯下駄とは６月に取り組んだ木工活動で，いわゆる，天狗の高下駄に似ているものですが，釘と金槌を使って自分たちで作り，作ったものを使って遊ぶというものです)。この下駄は，歯が１本しかないので，バランスをとって歩くことがなかなか難しいのです。

　Ｃ君は，日頃は，なかなか最後まで歩けず，途中で落ちると「もういやだ」と弱音をはいていました。でも「勇気りんりんカード」にスタンプを押したい一心で，そのときは，長い距離を歩くことができました。また，夏祭りで踊るアンパンマン音頭も上手に踊れるようになりました。他には，給食を何でも食べる，という項目もありましたので，Ｃ君は，それにも，一生懸命取り組んでいました。そして，見事，Ｃ君もカードに全部スタンプが押せて，夏祭りに参加できる招待状が獲得できたのです。

(4) 合宿リハーサルでの様子

　合宿の２週間ほど前に，「合宿リハーサル」をしました。合宿当日と同じようにリュックに荷物を入れて登園し，パジャマに着替えて寝る真似をしたり，歯磨きをしたりして，合宿への期待を高めようとするものです。補助教員の記録から「合宿リハーサルで，周りの子が誰と寝るのか言い出したところ，Ｃ君は，誰も『Ｃ君』と言ってくれないことが気に入らず，むくれながら，涙ぐんでいました。その後，どうするのか見ていたら，隣の席のＫちゃんに，自分から『一緒に寝てくれる？』と誘いかけていました。『いいよ』と言われて，とても嬉しそうでした」とありました。

　こんなふうに自分から気持ちを伝える事ができるようになったことに感動し，Ｃ君自身が合宿を主体的に取り組む姿に成長を感じました。

(5) 合宿を成功させるための教師の準備

　初めての取り組みについては，子どもはもちろん，保護者の方も心配や不安はあります。そこで，少しでも不安を取り除き，安心して，送り出していただ

けるように,「合宿ニュース」などを特別に発行し,取り組み状況の報告をしたり,また合宿に向けてさまざまな協力もお願いしました。以下が本番を迎えるまでの計画です。

```
①今年度の年中合宿の企画提案 （教職員向け）　5/25
②合宿の歌をつくる　サンサン体操やアンパンマン音頭の振り付けを考える　6月初旬
③合宿ニュース１号（合宿のお知らせ・バタコさんが来たよ。）　6/15
④事前調査書配布　6/15
⑤合宿パンフレット配布　6/19
⑥保護者向け合宿説明会　合宿荷物の見本展示　6/20
⑦合宿お手伝いの学生さんとの打ち合わせ　6/25
⑧合宿ニュース２号（合宿説明会を終えて。バタコさんから手紙が届いたよ。）6/26
⑨子どもたちが大きなお風呂の見学　7/2
⑩合宿ニュース３号（お風呂を見てきたよ。合宿グループを決めてバッチ作り。）7/3
⑪合宿リハーサル　7/10
⑫合宿ニュース４号（リハーサルを終えて,バタコさんからお手紙来たよ。）　7/13
⑬合宿直前調査書　7/17
⑭合宿ニュース５号（グループ担当先生紹介・食事等の紹介・合宿前のお願い）7/17
⑮合宿後のお便り…合宿報告書と合宿速報　7/22
```

3　合宿本番での様子

　待ちに待った合宿当日,Ｃ君は,少々緊張している姿はありましたが,不安で泣いたりすることもなく,先生の話をしっかり聞いて,楽しんでいました。特に,かびるんるんが登場して,クイズを出すところは,真剣に考え,答えていました。食事も全部食べていましたので,不安が少ないのだと安心しました。
　また,多少寝つきに時間はかかりましたが,担任がそばにいることで,落ち着いて寝つくことができました。次の朝,朝食が大好物のパンだったのでぺろりと食べにこにこ笑顔でした。親元を離れて,友だちと共に体験する合宿をＣ君はみごと達成できたのです。

4 合宿を終えてのお母さんからの感想

「入園した頃には，合宿なんて想像もつかなかったのですが，立派に楽しむことができた我が子に驚き，感動です。この合宿では，下見やリハーサル，丁寧なスケジュールがわかるお便りなど，本当に親子の不安を解消してくれる先生方の配慮がすばらしいと，改めて感謝の気持ちでいっぱいになりました。来年も楽しみです。ありがとうございました」

お母さんにとっても不安な1泊だったとは思いますが，ほんの少しの子離れの体験が，今後の子育ての自信になることと思いました。

5 夏休みに手紙をもらう

夏休み中にC君から大好きなアンパンマンとばいきんまんの絵を描いた手紙をもらいました。

お母さんからは，「早く幼稚園に行きたい。友だちに会いたい。年少のときに

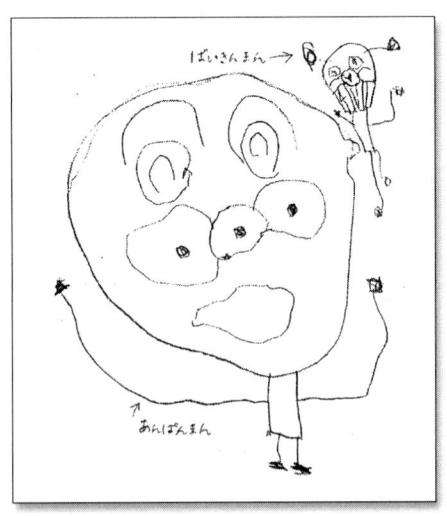

C君が描いたアンパンマンとばいきんまん

は，言っていなかった言葉が出てきたことにびっくりしました。特に，この日が誕生日だったので，その日，幼稚園に行きたいと言っていました。みんなにお祝いしてもらいたかったようです」という内容のお手紙をいただきました。

6 新しいことへの不安を乗り越えて

「友だちに会いたい，幼稚園に行きたい」と言っているということを聞いて，友だちとのかかわりを持ちたいと思ったことに，C君の大きな成長を感じました。合宿を終えて，すぐ，夏休みになったため，会えないのは残念でしたが，夏休み後半の夏期保育でC君に会えることが楽しみになりました。

夏期保育で行った誕生会では，大きな声で，しっかりと発表ができました。今までのC君になかった一面がみられ自信がついたように思えました。そして，5歳になったC君は，1学期より，たくましくなったと感じました。

合宿を終えて，改めて感じたことは，C君の新しいことに対する不安を取り除くには，まず，担任との信頼関係が大切であることだと思いました。このことは，母親に対しても同じであると思い，これからも信頼関係を保ちながら，生活や活動に取り組んでいきたいと思いました。

7 その後の出来事とC君の成長

2学期は，友だちとのかかわりが少しずつでき，数人の子とブロックで遊んでいました。ある日，お母さんから，「『戦いごっこで，いつも，悪者にされる。倒すやつは，こいつだといって，敵にされてしまう。正義にしてもらえない』と本人が泣いて訴える。友だちとのかかわり方が未熟なところを助けてやってほしい」という連絡を受けました。

自由遊びの様子を，しばらく担任が見ていましたが，そんな様子はみられませんでした。

しかし，補助教員の記録で，「自由遊びで公園に誘うが，『僕は，ブロックで遊びたいの』との返事でした。その後，『ブロック遊びをしていたら，バイキンメカと言われて嫌だった』と報告を受けました。『そういう子とは，遊

第2部　実践編

びたくない』とも言っていました。見ていたわけではないので，状況はわかりませんが，『嫌なことは，やめてとはっきり言おうね』と伝えました。すると，『強いから言えない』という返事でした。『今度また言われたら，先生と一緒に嫌だ，やめてと言おうね』と言ったら，納得してくれたようです」と報告がありました。そこで，担任は，子どもたちと，話し合ってみました。「弱い子を悪者にしていないか？」「戦いごっこで，友だちをいじめていないか？」そんな問いかけに，子どもたちは，「していない」と，返事をしました。「でも，もし，そんなことをしている子がいたら教えてね」そして，「友だちが嫌がることはしないように」「自分が嫌なことは友だちも嫌だよ」など話して聞かせました。この件では，当事者のお母さん同士でも，話がされたようでした。その後は，メカニック作りの遊びは続いていましたが，悪者とか正義とかは聞かれませんでした。戦いごっこも少なくなってきたようでした。

　3学期に入って，絵本『ともだちほしいな　おおかみくん』を題材にした劇作りに取り組みました。その影響か，C君が，突然「ぼくも友だちほしいな」というようになりました。担任としては，今までの，仲の良い子とのかかわりを，「友だち」と認識していなかったのかと，C君の心境がどんなものなのか悩みました。これからは，仲良く遊んでいる姿をみつけては，「この子が友だちだよ」と伝えていこうと思いました。

　しばらくたって，C君とK君が手をつないで公園にいく姿を見ました。何気なく見ていると，2人で鉄棒の前周りの練習をしていました。2人ともうまくできて，嬉しそうでした。「じょうずになったね」と誉めながら，「仲良しでいいね」と言ったら嬉しそうでした。また，ある日，隣のクラスの子と遊んでいるところを見たので，声をかけると「Y君は友だち」と自分からC君が言いました。担任が，相手の子に「C君は友だち？」って聞くと，「うん」と言ってふたりがニコニコしていました。「良かったね」と言うと，嬉しそうに，「うん」と返事をしてくれました。Y君は，家も近くで，親同士も仲良くしていました。幼稚園から帰ってからも一緒に遊べる条件があり，C君からかかわりが持てる状況に私も嬉しく思いました。

8 まとめ

　C君は，感性や言葉が豊かで，わからないことがあったりすると，よく質問したり，疑問に思ったりしたことは，たずねたりできる子でした。「劇の会」での台詞も，気持ちが入った表現ができました。人の話もよく聞くことができ，順序だてて話してやれば，納得して落ち着いて行動できました。3学期後半には，ちょっと急がせても，泣かないで，一生懸命がんばる姿もありました。本人に見通しがもてれば自分の力でできると，気づきました。これからも，C君にしっかり向き合って，気持ちをわかってやれば，担任の気持ちも受け止め，自信をもって進めると思いました。

　C君との1年間の生活を振り返って，やはり，1学期の年中合宿を体験することによって，自信がつき，苦手としていた，運動面の挑戦が積極的になり，鉄棒の前周りや雲梯ができるようになりました。そして自分のことが自分で進んでできるようになりました。また，友だちと思える仲良しの子ができ，社会性が育ってきました。はじめは，不安なことがあると，泣いて気持ちを訴えていたのに，今では，納得して落ち着いて行動できるようになりました。そして，少々のことでは，不安にならず周りの子についていこうとする姿も出てきました。学期末のお母さんとの懇談で，「家では，カウントダウンで急がせることもしています」と聞いて驚きました。また，「幼稚園でもしてみてください」の言葉でなんだかこちらが励まされたような気がしました。C君だけでなくお母さんもたくましくなられたなと思いました。これからも，新しい課題にぶつかったりしたときには，きっと素直に，気持ちを伝えて，仲間たちと共に歩んでいってくれるだろうなと私もC君の成長に自信がもてました。園行事「年中合宿」は，C君だけでなく，他児も大きく成長できる節目でもあります。「年中合宿」を体験して，C君も，仲間も，保護者も担任も共に成長が感じられた1年でした。

（至学館大学附属幼稚園）

第 2 部　実践編

5　自閉症児 F 君の仲間とともに送った保育所生活

石川　真由美

　自閉症児 F 君が仲間の姿を模倣し，自分に取り入れながら居場所をみつけていった保育所生活を振り返ってまとめ，F 君にとっての心地よい居場所のある生活は何だったのかを考察したいと思います。

1　F 君のプロフィールと園の概要

1. 家族と生育歴

　父母と 2 歳年上の兄の 4 人家族です。F 君は歩行や発語が他の子と比べて遅く，様子を見るため 2 歳の時から週 1 回療育施設に親子で通いました。音には反応するものの母親以外の人の指示が入りにくいことや，感覚的な遊びが多く物への興味が弱いことから，3 歳からは市内の障害児通園施設に通園しました。その間に，医師から自閉症と診断されています。1 年通園した後，移行措置で保育所に 4 歳児より入所しました。

2. 園の規模とクラス人数

　F 君の移行した保育所は，全園児数 96 人の小規模園です。年少，年中児は 2 クラスで年長児は 1 クラスです。特に F 君の在園した年は園児数が少なく，年少クラスは 2 クラスでしたが，年中からは 21 名の 1 クラスです。年中組から年長組へは 1 クラスでもち上がりました。

2　F 君の気になる行動とその理解

1. 4 歳児入園当時の気になる行動

　今までの通所施設に比べてクラス集団の大きさや周囲の環境の変化に戸惑い

落ち着かない行動が見られます。部屋のなかに居ることができないで部屋のトイレを通りぬけてテラスへ出ていきます。クラスメンバーは進級児がほとんどで，他の子はF君の行動につられて出ていくことはありませんでしたが，担任はF君につきあうことはできません。また保育者やクラスの友だちが，F君に関心をもってこちらからかかわろうとすることは嫌がり逃げていきます。音にも敏感でF君の周囲で大きな声をだして友だちが暴れることを嫌がり奇声を発し耳をふさぎます。とにかく4月，5月は周囲の刺激がF君にとっては強すぎて落ち着けませんでした。F君自身には友だちへの興味や関心は見られないのですが，クラスの子どもたちはF君の行動に興味があり，側に寄っていってはかかわりをもとうとします。F君にとっては何かされるのではという防衛本能から6月に入ると友だちを噛むといった他害が目立ちました。

2. 4歳児F君の気になる行動に対する園の対応

　新しい環境の変化に戸惑うF君が安心して生活できるように加配の保育者がマンツーマンでつきます。F君が人の多さに気持ちを集中できず落ち着けない時や保育者の指示が耳に入らなくなっている際は職員室でフリー対応の保育者が保育します。噛む行動については未然に防ぐことに努めるとともに，その時その場で短い言葉で噛んではいけないことを伝えることを職員間で共通理解して対応します。

3. その後のF君　4歳児クラスでの姿

　担任にとって「魔の6月」ともいうべき噛む行動は，7月に入り水遊びが始まると回数が次第に減っていきました。F君は水遊びが大好きで水の感触の心地よさに気持ちが発散でき，精神的に安定しました。短い時間ですが，部屋のなかでブロックの同じ色を積み重ねてさまざまな角度から眺める遊びをします。その他F君のお気に入りの場所は鳥小屋で，飼育している烏骨鶏の動きを熱心に眺めています。烏骨鶏のちょっとした動きに反応して興奮し，F君自身が鳥のように手をバタバタさせます。そういうF君の動きに興味をもち様子を見ていたのはT君です。「噛まれる」ことにおびえF君を特別視し始めていたクラスの子も「F君は鳥さんが好きなんだね」と鳥小屋の周囲にいると落ち着

いているF君に理解を示すようになりました。F君は生き物に興味があるようで，テラスで飼育している金魚を眺めていることもあります。しかし，水槽に砂を入れてしまうことも度々あり，「生きている」ことを伝えるのは難しく，伝え方に悩みました。「大事に」「そっと」など力の加減を表す言葉はF君にとって理解するのは困難です。こちらからの働きかけに対しては，ピョンピョン跳ねては同じ場所でぐるぐる回るなどの常同的な行動になってしまい受け入れようとしませんでした。

　9月になり，友だちに興味を示さなかったF君にお気に入りの子ができました。F君から髪の長いKちゃんの髪に触れ，顔を極端に近づけるなどのかかわりが見られます。F君に悪気はないのですが，Kちゃんにとっては心地よい接し方ではないので嫌がります。Kちゃんが拒むと，F君がKちゃんの腕を噛んでしまうということもありました。保育者はKちゃんにF君の気持ちを代弁し，意地悪しようとしているのではないことをその都度説明しました。Kちゃんのことがお気に入りなのは年長になりKちゃんが引っ越すまで続きましたが，噛むことは少なくなっていきました。

　4歳児後半になると自分の意志が出てきて，戸外で遊び続けたいと室内に入るのを嫌がりました。そこで他の子がほとんど室内に入ったころ合いに誘い掛けの言葉をかけます。そうすると視覚的に他の子の行動が理解できるためすんなり場面の切り替えができました。その他の場面の切り替えの際も同様にしました。次第にクラス全員が並んで別の場所へ移動する際に，最後尾ではあるけれど，自分から並びの列に加わるようになりました。

3　5歳児クラスの姿

1. 進級当初の姿から見直した保育

　加配の保育者はもち上がりでF君につきました。担任は代わり，部屋も新しくなりますので，F君が戸惑いや不安で入園当初の姿に戻るのではと心配しました。しかし新しい保育室は，入り口が1つしかなく，トイレも離れたところにあり，出入りが自由だったので部屋のなかに居られずテラスを歩くことはありませんでした。新しい担任に対しても嫌がることなく，予想していたより落

ち着いて過ごし，入園式や新入園児歓迎会にも年長児としてスムーズに参加しました。でもＦ君にとっては無理に背伸びして他の子に合わせていたのでしょう。4月中頃，精神的なストレスにより帯状発疹ができてしまいました。

　Ｆ君の病気を機に担任はＦ君が無理にクラスの子に合わせてストレスを抱える生活でなく，Ｆ君の心地よい居場所がある生活をしてほしいと願います。Ｆ君の発達段階は，何にでもぐずって嫌がる姿から，4歳児後半の自我の芽生えの時期であると捉えました。排泄や基本的生活習慣の場面で，Ｆ君は加配の保育者が手伝うのを嫌がっていました。保育者が「させよう」とすることに拒否の姿勢をみせて言葉で言い表せない自己主張をしていました。そこで「させる」のでなく，Ｆ君が「やりたい」「自分でできる」と思える保育を目指すことにします。つまりＦ君の思いや意思を尊重し，できるだけ主体的に生活できるようにします。また保育者がＦ君を尊重する態度で接することで同じクラスの仲間が，Ｆ君をお世話する対象とした特別な存在としてではなく，クラスの仲間として接するようになると考えました。

　まず，Ｆ君が主体的に生活するために基本的生活習慣をわかりやすく視覚的に提示することにします。クラスの友だちの協力で手順を写真に撮り，見やすいところに貼りました。登園してからの生活リズムもなるべく変えないで，一日の見通しが立ちやすいようにします。Ｆ君の意志を育むために集団で集まる際には無理に誘わず，本人の意志で集団のなかに入ってくることを目指します。クラスの子が楽しそうにしている活動の姿をみて「みんなと一緒に……したい」と思う気持ちを何よりも育みたいと考えました。

2. 保育者の願いから保育活動へ

　担任は，Ｆ君が自ら参加したいと思う活動を取り入れる際にＦ君の発達段階や障害の特徴を考慮して2つの点に留意しました。第1は，イメージとからだの感覚を統合させ，行動をコントロールする力を育てることです。第2は，Ｆ君がオウム返しの言葉ではなくからだの感覚と結びついた『生きた言葉』を使うことです。力の加減がわからず乱暴に戸を閉めてしまう場面や物を投げてしまう場面があり，「そっと」という感覚を伝えたいと思いました。身近にイメージができ，静の動きで共通のイメージがもてる遊びはないかと考えました。進

第2部　実践編

級当初からクラスの子どもたちは，TVアニメの影響もあり，忍者に興味を示していました。そこで「忍者ごっこ」を遊びに取り入れて運動機能や感覚の統合の発達を促すことにしました。

エピソード1　忍者ごっこでイメージを膨らます

　5月の遠足は近くの神社に行きました。年長組の数人が神社の境内で，保育者が仕掛けておいた「忍者からの手紙」をみつけます。手紙で，すっかり忍者の存在を身近に感じたクラスの子どもたちはますます忍者に興味を深めていきました。遊びのなかで忍者走りの格好をして走り抜けたり，忍び足で歩いたりとイメージを膨らませていきました。1週間ほどしたある日「忍術修行」について保育者が素話した後，園内を忍者になって探検しようということになりました。「ぬきあし・さしあし・しのびあし」と言いながら静かに音も立てないで歩くクラスの子どもたちの姿に不満を感じ，F君は「Sちゃん，だめ」「B君，だめでしょう」などと言って行く手を邪魔しています。それでも真剣に忍者になりきって職員室の窓の下を走り抜ける子や給食室の前を壁伝いで歩く楽しそうなクラスの子の様子を見て次第に興味をもち始めます。B君やM君が「F君，そっと，そっと」と人差し指を口に当てて見本を示します。するとからだは全然「そっと」歩いていないのですが，F君も「そっと」「そっと」と繰り返し言いながら後をくっついて行きました。その後，給食準備などでクラスが騒がしくなると「○○さん（クラス名），静かに！　シーッ！」と指を口に当ててクラス全体に向けて注意するF君の姿が何度も見られました。

　子どもたちの忍者修行は，日に日に活動的になります。アニメの真似をして部屋のなかで側転や転がる動きも加わって遊んでいます。ある雨の日に遊戯室を使いクラス全員で忍者修行に取り組むことにしました。その日はマットを使い転がる，前回り，側転などをしました。いつものF君なら窓の側や入り口付近で立ち止まって参加しようとしないのですが，保育者が何も誘わなくても順番の列に並んでいます。保育者は，F君の挑戦の気持ちを嬉しく思いながらあえて言葉かけをしないで見守ります。1回目のF君は，頭をマットにつけようとするけれどからだがうまくいかないでいます。保育者が介助しようとすると手を払いのけます。「やらないの」と聞くと，首を左右に激しく振りながら再

び列に並びます。あきらめてしまったのかと心配してF君をみると，並んでいる間，Y君やS君が行う様子をじっとみつめています。F君は「自分でやってみたいんだな」と思い次にF君の順番になった時は，F君に任せることにします。回転に少し補助が必要だったのでF君にわからないようにさりげなく手を貸します。「どたっ！」という音がしてからだを打ち付けたような前転でしたが，回ったあとのF君は満足そうな笑顔をみせました。

　6月後半Y君が家庭より折り紙でたくさんの手裏剣を作ってきました。忍者好きなK君が小さな的当てを作り，手裏剣投げの忍者修行が始まります。手裏剣を投げるM君の姿をみてF君が，保育者に「F君も」と言ってきます。保育者が「F君もやりたいの？『入れて』って言おうか」と聞くと「F君も……たい」と語尾だけはっきり聞き取れるように言います。保育者がM君に「入れて」といい，「F君もやりたいんだって」とF君の気持ちを伝えます。M君に「いいよ」と言われF君は列に並びます。M君やY君を真似てスタート位置に並んで投げました。一度目はうまくいかなかったのですが，もち方や投げ方をY君が教えてあげながら何回か繰り返し，次第に遠くに飛ぶようになりました。B君が「シュシュっと」とかけ声をかけてくれると，リズミカルな音に合わせて投げることを楽しんでいました。保育者にとってF君が「やりたい」と自分から伝えて取り組んだ印象的な出来事でした。そうは言っても，F君にとって集中力の持続は難しく，飽きてしまうと他の子の邪魔をしてしまいます。まだ自分の行動をコントロールし抑制することは難しいようでした。

　また別のある日，遊戯室で平均台，マットを準備しミニサーキットを行いました。平均台を橋に見立て四つん這いで渡るという修行です。マットは芋虫のように転がっていく修行です。他の子どもたちも四つん這いでからだを支える経験がなく，何度も落ちてしまいます。F君は挑戦しようとしないのではと思ったのですが，「M先生」と呼びながら手をもってほしいというように差し出します。保育者が手を添えてあげると恐る恐る歩を進めようとします。この時も「そっと，そっと」と保育者と一緒に言いながら歩きました。平均台の上を這うのでなく歩くのですが，F君が自分なりにできることで参加しようとしたエピソードです。この忍者ごっこでF君のなかに「自分で」という自我がはっきりしてきたのに加え，「自分でできる」という自信をもち，前向きにチャレ

ンジしようとする姿がみられてきました。

エピソード2 相手に伝わる喜びが言葉を増やす

　進級当初はクラスで絵本の読み聞かせや話し合いの場面をしているときは気が向かないと参加しませんでした。5月になり，帰りの会にクラス全員が丸くなって椅子に座り，ひとり一言楽しかったことや家での出来事をみんなの前で話すことにしました。休日に家族で出かけた話やテレビの話，家庭で兄弟とゲームをした話などが毎日発表されます。挙手して発表するのですが，ある日F君が張り切って手をあげます。大丈夫かなと思いながら「F君どうぞ」と言うと，F君は「マリオ，D・Sあるよ」と拙いながらも一生懸命発表しました。クラスの友だちもF君の発表に耳を傾け「F君マリオ好きなんだね」「ぼくの家もマリオカートあるよ」「F君はD・Sもってるんだね」などと口々に言います。F君は話が友だちに伝わったことが嬉しいようです。興奮して手足を緊張させながら何度も繰り返し「マリオが……」とニコニコしていました。

　夏祭り会の出し物についての話し合いの場面で他の子が役割を自分で決めていくなか，F君は全然話を聞いていないように見えます。オウム返しにでもF君の口から役が言えたらいいと思い，保育者からF君に「何にする？　何がしたい？」と尋ねるとオウム返しにではなく「たいこ」と即答しました。周囲の誰かが言うのを真似したのではなく，F君がその場に即した「生きた言葉」を使ったので驚きました。太鼓をたたくことは気に入り，夏祭りの後もよくたたいていました。また，夏祭り会ではたこ焼き屋さんのたこ焼き作りの役をしました。準備段階で新聞を丸めてたこ焼きを作るのが上手で，手早いことをSちゃんやM君が認めて「F君，すごーい！　じょうずだね」と誉めます。するとF君は，誉めてもらえることが嬉しくて「すごーい」という言葉がお気に入りになりました。それからは，友だちや保育者のすることに何でも「すごーい！」と言っては手をたたいていました。

エピソード3 小さな生き物とのかかわりで「大事，大切」を伝えたい

　年長組ではクラスでカメを飼育します。今まで見たことのない生き物にさっそく興味を示し，触ろうとするF君に保育者は「そーっと」「大事，大事」と

5 自閉症児Ｆ君の仲間とともに送った保育所生活

繰り返し伝えます。年中組の頃は生き物に対し手加減がわからないＦ君でしたが，ものすごく興味をもっていても直接触れようとしなくなりました。あまりに熱心に水槽を眺めるので図鑑のカメのページを広げて水槽の横に置いておきました。次第に図鑑の他のページもめくり，ひとりで集中して読む時間が増えてきました。

さまざまな生き物に触れて欲しいと願い，クラスでザリガニ捕りに出かけました。Ｙ君やＳ君が大きな爪のアメリカザリガニを捕まえ，クラスで飼育することにしました。ザリガニの動きに反応して最初は「キャーッ」と声を上げていたのですが，ザリガニが爪をあげて構えるのを喜び，保育者に「ザリガニに触って驚かせてみて」とでもいうように「Ｍ先生」と水槽の場所へ呼ぶようになりました。その後のＦ君は，小さな生き物への興味がますます深まり，ダンゴムシやカエルを小グループで探している男の子たちの後をついて回っていました。保育者がダンゴムシをＦ君の手にもたせようとすると「キャー」と嫌がりますが，触りたい気持ちの方が勝り再び手を出します。「そっと，そっと，大事，大事」といいながら掌にのせると，モゾモゾ動くダンゴムシの感触を味わいながらニコニコしています。その後，何度も保育者に「…ンゴムシ」と言っては掌をみせます。Ｙ君やＫ君が「Ｆ君，虫が好きなの？」と聞くと「好きなの」と言います。「ダンゴムシってかわいいね」とＹ君たちはＦ君に笑顔で話しかけます。Ｆ君も「友だちと一緒に共感している」という感覚を楽しんでいるようでした。次の日にも同じような場面があり，その後は保育者がいなくても後をついてくるＦ君を，Ｙ君たちも同じように虫が好きな仲間として接するようになりました。

エピソード４　行動に参加して

(1) 運動会

年度当初から取り組んできた忍者ごっこで忍者のイメージが高まり，子どもたちが主体的に忍者の動きを考えて遊びに発展していきます。そこで「運動会の演目に忍者をやってみようか」と保育者が投げかけました。今まで取り組んだ忍者の修行をサーキット形式にしてみんなに見てもらおうということになりました。遊戯は忍者の「サスケ」を題材にした曲に決めます。残暑が厳しく園

第2部　実践編

庭で練習する時間が取れないので，戸外と遊戯室を交互に使い分けて取り組むことにします。今までの生活リズムと違うためＦ君の参加は難しいと思っていたのですが，他の子の動きを見てちゃんと行動します。遊戯の動作一つひとつがゆっくり動くリズムで，日常生活のリズムと異なっています。そのため「間」の苦手なＦ君は覚えた動作を先先に進めてしまいます。隊形変化のタイミングも上手くつかめず早めに動いてしまいます。それでもＦ君自身が嫌がらず練習に参加し，周囲の子の動きを見て真似ようとしています。保育者も他の子どもたちもＦ君を認めて少しでもよくできたところを日々誉めました。周囲の子が率先してＦ君にタイミングを知らせ誘導します。練習前半はＦ君も誘導に素直に従っていました。運動会が間近になってくると「ひとりでもわかるよ」と言いたいように嫌がるようになりました。するとＩちゃんが，保育者が教えたわけではないけれど，Ｆ君の思いを察したかのようにさりげなく合図を送るようになりました。

(2) 発表会

　歌が大好きなＦ君は，発表会当日にも歌の歌詞がしっかり言葉にならない箇所もありましたが，歌おうという意欲が感じられました。何より仲間と一緒に歌うことを楽しんでいました。クラス全員で取り組んだオペレッタは発表会が近くなってから全体の流れが理解できたようです。それまではどこで出番が来るか見通せず緊張した表情で出番を待ち，真剣に参加していましたので保育者の特別な援助は必要ありませんでした。しかし流れを理解し，自分の出番以外の台詞も音楽も覚えてしまうと台詞につまる子より先に覚えた台詞を言ってしまい困りました。保育者は，本番には邪魔せず仲間と一緒に発表会を楽しんでくれると信じて無理にＦ君の行動を止めさせませんでした。発表会当日は出番が長時間になり精神的に集中力が薄れたこともあり，出し物最後のオペレッタは幕が開くと戸惑い，舞台に上がったものの落ち着かない様子が見られました。それでも嫌がる様子はなく，台詞を早口で言い，動きもぎこちなくなりましたが仲間と一緒に参加できたことを喜び，自信をもったようでした。発表会後はしばらく発表会ごっこが盛んでしたが，次第に興味が薄れ他の子がしなくなるなか，Ｆ君のオペレッタブームは長期間続きました。効果音のＣ・Ｄを毎日何回も聞いては，ひとりでいろいろな役になり楽しんでいました。１つずつの台

詞をそれぞれの役になった友だちの特徴を捉えて言います。Ｆ君が発表会を１つの経験として楽しんでくれたことを嬉しく思うと同時に，Ｆ君の摸倣する力に驚かされました。

エピソード５　遊びの変化

ブランコがひとりでこげるようになり，揺れのスピード感に興奮してからだを硬直させています。また床に寝そべって並べた玩具を眺め，光線の当たり具合を細目で見て楽しんでいます。部屋のなかでは狭い空間に立ち，高い位置からの目線と共に足元の不安定さを楽しんでいます。年中クラスの頃より紙をジャバラ折りにして遊んでいましたが，年長になっても引き続き材質を変えて続いています。自由な遊びの時間をもて余して他の子の遊びを邪魔することが多かったのですが，絵本やシルバニアファミリーでひとり遊びをする姿も見られるようになりました。マリオが大好きなＦ君でしたので，友だちのマリオに関する会話に興味を示して側で聞いています。また，保育者の膝枕で絵本を読むこともあります。昼食後のリラックスした時間には，保育者とマンツーマンで行う触れ合い遊びにも応じます。けれども，クラスの仲間が文字や数に興味をもち，小学校入学を意識した遊びに変化していった頃よりＦ君はクラスの仲間の遊びを意欲的に真似てみようとするのをやめ，感覚遊びが増えました。既存の遊びでは物足りないが，他の子の遊びにも入っていけない葛藤やあきらめがあったのかもしれません。

戸外遊びでは運動会の後にクラスで盛り上がり始めた集団遊びには参加せず，ブランコや飛行機ジムの上にいる姿が目立ちます。Ｆ君の落ち着ける場所が年中や年少児の遊びの輪のなかに変化していきました。保育者は登り棒やうんていに意識的に誘い掛けます。以前のようにＦ君が個人レベルで取り組める遊びに挑戦し，前向きに取り組んで欲しいと願ったからです。しかし，誘い掛けに応じても持続することはなく，これまでの遊びに意欲的に挑戦した姿は卒園まで残念ながら見ることができませんでした。

第2部　実践編

4　エピソードから考えさせられること

　エピソード1にあるように遊びのなかで具体的な活動を取り上げてF君がイメージと言葉を結びつけられるようにしました。F君はクラスの仲間のもつイメージを追体験して「みんなと一緒」という感覚と共に，静の動きの言葉である「そっと」という感覚を味わったのだと考えます。エピソード3では直に生き物に触れる体験を通して「そっと」大事に扱うことを学んだように感じます。今まで自分のからだをうまくコントロールできなかったF君が，「そっと」という言葉と感覚を得たことで，物や人に対する接し方が変化し力を加減して扱うようになりました。エピソード2はF君がありのままの自分を言葉で表現しようとした事例です。オウム返しでない「生きた言葉」の表出が見られ始めました。エピソードにあるようにF君は言葉の発達や運動能力に遅れがありましたが，F君が自分からクラスの友だちと一緒に活動したいという気持ちが勝っていたためさまざまなことに自分から挑戦しました。保育者が先入観で「F君には無理だろう，できないだろう」と思っていたことにも挑戦しようとするF君の原動力は何だったのでしょう。それは，F君を励まし，見守り，F君の思いを尊重してかかわってくれたクラスの仲間の存在が大きかったと考えます。無理にさせようとするのでなく，お世話してあげるのでもなく，さりげなく手を差し伸べるクラスの仲間がいたからこそ，保育所がF君にとって安心できる居場所であったと考えます。

　運動会を境にF君と他の子どもたちとの心身の発達の差が大きくなってきました。ドッジボールや鬼ごっこなどのルールのある遊びを小集団のグループでまとまって行動する子どもたちの仲間にF君は加わらなくなりました。エピソード5にあるように年中児や年少児の輪のなかで遊ぶ姿が増えました。就学に向けて他の子どもたちの遊びや精神的なレベルが高くなるにつれ，ついていくのがしんどいと感じたF君が自分で落ち着ける居場所をみつけ自分の能力にあった人とのかかわりをしようとしていたのだと考えます。振り返ると，F君に対し「させる保育」ではなく，自分から「やりたい，やろうと思える保育」を目指してきたのに，保育者の期待する発達曲線を描かなくなったときに焦り

があり他の遊びに誘っていました。前半の大きな成長に期待が膨らみ，目の前の小さな目標をスモールステップでという大切なことを忘れていました。高い場所や狭い空間，紙をじゃばらに折ることについても「いつまでも同じ遊びにこだわっている」と捉えていました。1年の記録を改めて振り返り，F君のこだわりは忍者ごっこで取り組んだ平均台で味わったスリル感だったのではないかと気づきました。足で味わう不安定感が，より狭い板や絵本棚の仕切りにエスカレートしたのではないかと考えます。ジャバラ折りも4月に比べると材質や折りの細かさの技術がレベルアップしていて手先の発達が感じられます。F君なりにスモールステップで成長していたのでした。

5 まとめ

　保育者の「させよう」という気持ちは，さまざまな保育場面のなかで子どもの気持ちとのズレを生じさせます。障害の有無にかかわらず幼児は，言葉で表現できない思いを相手に共感してもらえることで信頼感をもちます。特に周囲の状況をみて先の見通しを立てることが苦手な発達障害幼児にとって，自分の意志や思いを尊重され居場所が保障されていることが安心して生活するのには大切なのです。

　クラスの仲間が，F君の存在を特別なものとして扱わないで，いて当たり前と捉えてくれていたことが安心できるF君の居場所につながったと考えます。当園は小さな集落にあり地域に根差しています。保護者も保育者集団も障害のある子も園にいて当たり前と考えており，すべての子どもたちがゆったりと育ちあえる雰囲気が環境として整っていたように思います。

　卒園後F君は，地域の小学校の特別支援学級に入学しました。少人数学級で一人ひとりにあった，好きなことから興味を深められる学習がF君にとって良い結果をもたらしているようです。担任の教師がF君の大好きなマリオを取り入れた遊びを通して足し算や引き算，文字の導入を工夫したことで学習の成果もあがっているようです。無理に背伸びをさせるのでなく，F君にとって居心地の良い次の居場所が保障されていることが，今後の大きな成長につながると信じています。

6 排泄の自立から，人間関係の広がりへ
―母親と共にE君の育ちにかかわって―

水野　恭子

　E君は，928gの低体重で生まれた子どもさんです。保育所において基本的生活習慣，なかでも排泄の自立から母親と連携を深め，対話するなかでE君の発達支援を家庭と保育所でトータルで考え共に実践してきました。
　保育所の実践を中心に，E君の3年間の成長の記録を報告します。

1　E君のプロフィールと園の様子

1. 家族と生育歴

　E君は2005年生まれの男児です。
　家族構成は，父親，母親，20歳の大学生の兄，6歳の小学1年生の姉，5歳の年中児のE君，4歳の年少児の妹の6人家族です。
　生育歴は，在胎30週の早産，928gの低体重児でした。発達経過は，首のすわりが6ヵ月，寝返り8ヵ月，初歩1年6ヵ月，初語1歳8ヵ月でした。
　療育歴では，定期健診で主治医に言葉，成長の遅れがあると指摘されました。市民病院に3ヵ月毎に受診してきましたが，3歳になってからは受診していません。
　E君の発達については，両親共に3歳児より，他の子どもとの差が目立つようになり，「小さく生まれたから仕方がない」と思いながらも，気になることが多くなってきたと言われました。
　具体的には家庭で，E君が食事中にふらふら立ったり，生活のなかで良い，悪いの判断ができずにハイテンションになってしまうときに，注意をするとE君は「わぁー」と泣くそうですが，なんで怒られたのか理解していない姿を母親は察していました。

2. 園の規模とクラス人数

　筆者が勤めるA市A保育所は0歳児から5歳児まで，200名定員の大規模園です。保育時間は7～19時までと長く，早朝・延長保育も多くの保護者が利用しています。核家族世帯が多く，地域との交流は薄いです。園の周りには車の往来の激しい幹線道路が走り，散歩に出る機会は少なく，園庭には大きく育った樹木が複数あり，夏場は日陰を利用して戸外遊びを楽しんでいます。

　2009年度は，4・5歳児クラスが3，3歳児クラスが3，2歳児クラスが2，0.1歳児クラスが各1の計10クラスで197名の園児が通っています。E君の在籍する3歳児クラスの人数は18人でした。

2　E君の発達の経緯とその理解

　ここからは，E君の入園時の様子から4歳児クラスまでの3年間の保育の経緯について報告します。

1. 入園当時と2歳児クラス

　E君は，2歳9ヵ月で入園しました。前担任の記録では下記のようになっていました。

・3歳3ヵ月：
①言語面：「よくしゃべっているが，不明瞭な言葉が多い」「思い通りにならないと奇声を発する」
②排泄面：「トイレまで連れていけば自分でズボンを脱ぎ，便器に座ったり，男児用のところで立って排泄しようとするが一度も排尿したことはない」
③運動面：「ふらふら歩くが，大人が追いかけると走り回る。鉄棒にぶら下がる。ボールを蹴られない。つかまらないで一段ずつ階段を降りられない」
④人間関係面：「自分の周りにいる大人とはかかわりがもてるものの，他児には関心がなく，物を介してうまく関われない。一対一の触れ合い遊びを好む」
⑤遊び面：「泥んこ遊び，積み木を好む。簡単なルールのある遊びは難しい」

・3歳8ヵ月，3月の「次年度への参考事項」
「三輪車に関心をもち，ペダルこぎができるようになる。集団行動することは難しいが，自分なりにやりたいことをみつけて遊ぶ。排泄，言葉，集団行動，運動面等，その年齢を考えてみるとまだ発達の未熟な面が多いので，意識的に関わるようにする」

2. 3歳児クラス（前期）―運動・排泄の自立―

　筆者が担任になりました（※以下筆者を保育士と記述します）。

　4月には，遊びのなかで玩具の共有ができず，自分が使いたいものを他児が使っていると，「あーあ！」と声を上げたり，泣いて保育士に訴える姿がありました。そのため，仲立ちしながら「使いたかったね」と共感的に言葉をかけたり，抱いてスキンシップを取りながら気持ちを受けとめ情緒の安定を図り，信頼関係を築いていけるようにしました。

　「いれて」「貸して」等，生活のなかで必要な言葉はまだ使えませんでした。保育士が仲立ちするなかで「E君，いれてだったね」とその都度，生活のなかで必要な言葉を使えるように知らせていくようにしました。

　保育士が絵本を読み聞かせていくときなど集団活動の場では，その場におれず，ふらふらと隣の積み木コーナーで遊びを始めます。そのときはE君を視野に入れながらその姿を受け入れ，少しずつ新しい環境に慣れていけるようにしました。

　しかし，他の子どもから「せんせい，なんでE君は積み木してるの？」と疑問の声も出ました。そのときは，「E君ね，まだみんなみたいに絵本を見たり，先生のお話を聞くことが難しいの。だからお部屋にいてくれたらマルにしようね」と返し，E君のことを他の子どもたちにも理解してもらえるように話すようにしました。

　しかし，部屋から出ていってしまうこともありました。そのときは，「E君，お部屋にいてね」を伝えたり，膝に抱いて情緒の安定を図りながら絵本の読み聞かせをしたりし，生活の場を理解できるようにしていきました。

　一対一での絵本の場面では，絵を見て「これは？」と次々に指さして聞く姿があり，その都度答えていくようにし，信頼関係を作っていけるようにしました。

　また，ボタンかけを自分でしようとしますが，うまくできないことで泣いてしまいます。保育士がE君の指を取ってボタンをもたせ，その上から手の動きを見せ，繰り返し援助していくなかで3ヵ月でできるようになりました。

　言葉では，オウム返しが多いです。保育士の話も理解していないことが多く，そのため集団で話をした後に，個別に声をかけるようにしました。

　興味や関心のある遊びのなかで，共感的に言葉をかけたり，代弁しながら言

葉で思いを伝えたり，「かして」「いれて」等，日常生活に必要な言葉を使っていけるように援助していきました。

遊びでは，積み木やままごとが好きで，他児も同じ空間で遊んでいるのですが，並行遊びの段階で楽しんでいる状況でした。

(1) 運動面の援助について

一日の生活の流れは，室内遊びから戸外遊びという順に流れ，戸外遊びの片付け後，「クラス活動」と呼ばれるクラス集団で運動遊びをする時間が設けられています。この活動は4月から継続して行っています。

クラス活動では，なんとか集団のなかで同じことをするのですが，同じ年齢の子どもたちよりも未発達面が多く，「太鼓橋」や「アスレチック」など高い所に登っていくことがなかなかできず，足が震えて「こわい～」と泣いたりしていました。ブランコはこげませんでした。少し揺らしただけで，「こわい」といって降りてしまいます。太鼓橋の援助としては，足の裏を保育士の手で支えることで安定感がもてるようになり，10月にはいってからは泣かずに渡ることができるようになり，「Eこわくない，できた」と自信を感じさせる言葉を言うようになりました。冬には，おしくらまんじゅうや鬼ごっこを喜んでやるようになりました。鉄棒の前回りも怖がっていたのですが，体を支えながらそっと回転させて下ろすことを繰り返し援助するなかで，3月にできるようになり「せんせい，みてて」と自分から鉄棒へいくようになり，好んで何度も，何度も回る姿も見られました。

以前，作業療法士の感覚統合療法の研修で学んだ，前庭覚（回転，水平，垂直などの運動感覚）やボディーイメージを意識させながら援助するという方法を取り入れました。E君は，前庭覚で弱い部分がありましたのでそれに対する援助を意識しました。

(2) 排泄の自立に向けて―母親との二人三脚―

排泄では，トイレの便座に自分から座りますが排尿したことはありません。いつもオムツのなかで出していました。トレーニングパンツにして，気持ち悪い感覚を感じて，トイレで排尿できるようにしていきたかったのですが，新しい環境にまだ適応しきれていないうちからではなく，情緒が安定するまで待ち，あせらずに保育士と信頼関係ができてきたGW明けから開始することにしました。

第2部　実践編

　E君について，前に述べたような発達の姿の全体像を把握した上で，発達を促す援助をしながらも，まずは基本的生活習慣の自立に向けて，「排泄」を促していくことを目標にしました。

　しかし，トレーニングパンツに替えた5月中旬から6，7月になっても，トイレには立つのですが排尿せず，気がつくとパンツのなかでしてしまう状況が続いていました。

　7月にはプール遊びも始まりましたが，排泄が自立していないE君はプール遊びに参加できず，見学の子どもと同じように戸外で遊ぶ日々が続きました。

　戸外では，三輪車に乗ることがほとんどでした。他の遊びにも誘ってみても，見向きもせず，ひとりで三輪車に乗ることを楽しみ，三輪車だけで45分近く乗っていました。

　8月になると，片付けるときは，車を駐車場に止めるように三輪車でバック駐車をするようになり，E君なりに遊びを楽しんでいる様子でした。保育士としては，「8月中に排泄の自立が成功すれば，プール遊びを経験させてあげられる」と考える毎日でしたが，なかなかうまくいきません。

　8月も下旬になったある朝，母親がこんな話をしてきました。「先生昨日Eにね，お風呂上りに妹のワンピースを着せてパンツも履かずにうろうろしていたら，トイレでおしっこしたんです。床ではおしっこしちゃいけないって思ったみたい」という話でした。

　私はそのときに，E君はパンツとオムツの区別がついていない状況なのだと思いました。そこで母親に思いきって，「お母さん，ワンピースでパンツを履かないで保育所で過ごさせてみていいですか」「とにかく，私もE君のその状況を見てみたいし，トイレで排尿できたという喜びを感じることで，トイレでできるようになるかもしれないです」とお願いしました。

　母親の承諾，協力を得て，次の日からワンピースで登園するようになりました。尿感覚は長いのですが，尿意を感じたらトイレに走っていき，トイレで排尿できたのです。不思議そうにじっと，尿が出る様子を見ています。

　私が「E君，トイレでおしっこできたね〜！」と手をたたいて喜ぶと，E君もにこっと嬉しそうな顔を返してくれました。

　しかし，それからがまた問題でした。排尿ができるようになったのはよかっ

たのですが，パンツを履くとやっぱりパンツのなかでしてしまいます。ということは，プール用の海水パンツを履くと「海水パンツ＝パンツ」という認識で，やっぱりプールのなかで排尿してしまうのではないかという話を母親に相談して見学してもらうことにしました。

　しかし，今度は「キュロットパンツはどうだろう」と思い，パンツなしでキュロットパンツを履かせてもらいました。E君は，トイレで排尿しました。

　そして，「パンツがフィットしていると安心して出てしまうのかも」と思い，トランクスをE君用に直してもらい履かせて登園してもらいました。

　そして，遂に連続してトイレでの排尿に成功しました。母親と一緒に喜び，当面その方法でいくことにしました。

　9月になりこの夏はプールに一度も入れませんでした。けれど継続してトランクスで成功しました。恐る恐る普通のパンツで様子を見て試してみることにしました。すると最初から失敗することなく，ちゃんと尿意を感じてトイレでできるようになっていました。私が喜ぶ姿に，本児も喜び，母親とも共に喜びました。

　それからしばらく，トイレで排尿して帰ってくると，「せんせい，でた」と満足そうに報告する姿がE君から見られ，喜びに日々共感していきました。

　E君の排泄が自立したことは大きな喜びとなりましたが，一方でE君の母親の協力を得て一緒に援助方法を模索し，母親と共に子育てができたことも大きな収穫となりました。

3. 3歳児クラス（後期）―人間関係の広がり―

　9月に入り，E君は友だちへの関心が高まり，人間関係が広がっていきました。ここでは次のページの写真と合わせて紹介します（写真1～6）。

4. 4・5歳児クラス（4歳児）―さまざまな環境に意欲的にかかわって―

　クラスは4歳児19名，5歳児15名の34名の縦割り保育です。E君の担任をもちあがりました。

　新しい環境でクラス人数も3歳児クラスに比べ2倍近く大きくなり，落ち着かず目の前に入ってくるさまざまな刺激でからだが動いていってしまいます。

　昨年は登園してからもち物の始末も自分でしてから遊びに入れましたが，な

第2部　実践編

写真1（9月）積み木「動物の家」
積み木で友だちと一緒にイメージを共有し、遊ぶようになりました。

写真2（11月）お医者さんごっこ
E君が赤ちゃんの保護者になり、診察を受けていました。

写真3（12月）劇遊び　その1
カセットデッキの操作を覚えたE君。役割を与えることで劇遊びの参加が楽しくなりました。

写真4（12月）劇遊び　その2
クラスの子どもたちと作った「てぶくろ」のコラージュ。「はみだしていいよ」と声をかけ、刷毛で色紙作りをしました。

写真5（3月）おばけカルタ
ひらがなを覚え、読み手が大好きのE君。友だちといっぱい遊びました。

写真6（3月）クッキー屋さんごっこ
数字に人一倍興味のあるE君は、やっぱりレジ係です。

6 排泄の自立から，人間関係の広がりへ

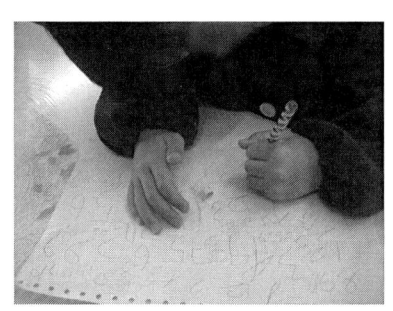

写真7 数字のみを書くE君

かなかできなくなりました。担任が声をかけ気づけるようにしますが，見守っていないと気がつくとカバンを置いたまま興味のある遊びへ動いていってしまう姿が見られました。

　言葉で「いれて」「貸して」など言えるようになりますが，まだ自分の思いを言葉で上手く伝えられず泣いてしまうので，共感的にかかわり，E君の気持ちを代弁しながら情緒の安定を図っていくようにしました。

　(4月)　数字を書く，役割遊び

　自分から絵を描いて表現することはほとんどなく，数字や文字を好んで羅列的に書いている姿がよく見られます（写真7）。

　ままごとでは，今年度になって初めて，昨年の友だち3人でままごとを楽しむ姿が見られました。E君は父親役になり，かばんを大事にしています。「いってきまーす」といって会社に出かけていき，「ただいま」と帰ると，かばんから水筒やお弁当を出し，洗う真似をします。母親にその姿を伝えたところ，E君の父親もかばんをもって会社にいき，帰ってくるとすぐに，水筒，お弁当を出して洗うという話を聞き，模倣していることがわかりました。

　(5月) 言葉で思いを共有したい！

　11日，粘土を出すと「Eやりたい」といって粘土で型抜きを楽しみました。「せんせい，クッキーやさんやったよね」と昨年のことを思い出して言葉にする姿が見られました。給食では，保育士が隣に座ると「おいしいね」と言うことが多くなりました。保育士との関係も2年間継続したこともあり，人と気持ちを共有したいという気持ちが多く出てきたことを感じました。

　室内遊びでは，プリズモこま，LAQ（ラキュー）など，細かいパーツを組

み合わせて遊ぶ玩具が好きです。自分なりに目的をもってひとり遊びに集中しますが、生活の見通しがもてず、保育士がクラス全体に片付けの時間を知らせ、周囲が片付けだしても、最後までひとり黙々と遊ぶ姿が見られます。年長児に「かたづけだよ」と言われると、かんしゃくを起こし泣いて怒ったりする姿が見られました。片付けと理解して遊んでいる様子ではなく、周囲の状況が理解できていないところもあるような気がしました。

その頃、E君が落ち着ける遊びを保障しながらも、一方で集団遊びにも誘い、友だちとのかかわりのなかで社会性を身につけていくことも大切だと考えていました。

生活や遊びのなかで意識的にE君と言葉のやりとりを交わすようにしていましたが、やりとりのなかで言葉の意味を理解していない部分がまだあることを感じました。

3 母親との懇談会

「E君が母親や家族とどのように言葉のやりとりをしているのだろうか」と疑問に思いました。保育所での様子は日々伝えていましたが、E君が家族のなかで家族とどのように過ごしているか、具体的に知ることが大切だと思いました。そこで、母親に懇談会をもちかけると、「私もいろいろお話がしたかったです」と返事があり、約1時間の懇談会となりました。

母親の相談内容は、大きく言うと「就学における学習面の不安、いじめの心配」で、言葉のやりとりで話がかみ合わなかったり、的外れな言葉が返ってくることで、「こいつ　何いってるだ？」というように友だちから馬鹿にされたり、いじめられないかという不安が強くなってきたことでした。また、今保育士がE君のどんなところが気になってるのか知りたい、今この子にできるだけのことを最善を尽くしてあげたいという話でした。

それに対して、母親のE君に対する気持ちを受けとめ、「一緒にやっていきましょう」というメッセージを送りました。保育士として一番気になっているのは、「言葉の理解力、コミュニケーション能力」と伝えました。母親も気になっている点は同じでした。

実際にE君が懇談中保育室で遊んでいたので、アゲハの幼虫のやりとり（資

6 排泄の自立から，人間関係の広がりへ

資料1　E君との言葉のやりとり

> 幼虫が登って，落ちたところを見て
> E君　：「せんせい，せっかくおちちゃったね」
> 保育士：「そうだね，せっかく登ったのに，おちゃったね」

料1）で行ったような言葉の補い方を説明したり，実際のE君との言葉のやりとりを見てもらいました。

「言葉の発達に遅れのある子どもの援助指導」という研修を受けた際，かかわりの基本として「インリアル・アプローチ」という方法を知りました。母親にもどんな方法なのか実際を見てもらいながら，どういうねらいがあるのか以下のことを伝えました。

これは，子どもと大人が相互に反応しあうことで，学習とコミュニケーションを促進しようとする考え方で，1974年にコロラド大学のワイズ博士らによって開発された言語発達遅滞児のためのコミュニケーションアプローチです。

インリアル・アプローチのねらいは，
①自由な遊びや会話を通じて，子どもの言語やコミュニケーション能力を育てる。
②言葉以外のコミュニケーション手段（指差し，視線）にも注目する。
③遊びやコミュニケーションを始める力を育てる。
④かかわる大人（保育士，教師，セラピスト，親）のコミュニケーション感度の向上をはかる，の4点があげられます。

そして，市内の言語指導が受けられる専門機関を紹介しました。

母親は，「自分自身があまり家庭で話をする方ではなく，どちらかというと聞き役で，食事の場面でも，長女には話しかけることが多くても，『どうせEは，わからないだろう』という扱いであまりしゃべりかけたりもしていなかった」と言われました。また，「Eには知識的なことは絵本などを通して，意識的に『これ何？』と物や色の名称，数字，文字などを教えていくことにだけ目が向いていた」と言われ，「会話する力をつけてあげなくちゃいけないんですね，先生，まずはやってみて，半年過ぎてもよくならなかったら，専門機関も考え

写真8　カイコのお世話
「おかいこちゃん，せなか，ふわふわ」と言っていました。

るわ」と言われました。

（6月）ブランコの援助，扇風機へのこだわり

ブランコはまだうまくこげませんが，「足を伸ばして曲げて」と言葉かけをしたり，隣の子どもを見てというと見て真似ようとし，意欲をみせました。

こだわりについては，回っている扇風機がとても気になるようでした。頭上で回っているのが気になるのか，必ず部屋に入るときに，扇風機をチラッと見ます。戸外遊びへ行くときは必ずといっていいほど「せんせい，せんぷうきけして」と言います。3歳児クラスのときでは，昼寝のときにトイレから部屋に入るときに扇風機が回っていると泣き叫び部屋へなかなか入れませんでした。

今日では，扇風機に対して少し恐怖心が和らいだ印象を受けます。

（7月）身近な生き物へのかかわり（カタツムリ・カイコ）

かたつむりに「デンデン，マイマイ，ころちゃん」と名前をつけて6月から飼育しています。3歳児のときは，虫など怖くて，近くで見せただけでも震えるような感じで嫌がりましたが，友だちが触る様子を見て，試すようにちょっと触りながら，今では平気で触るようになりました（写真8）。

かたつむりのことをいうときも，「せんせい，デンデン　めがでた」というように，かたつむりの大きさで区別でき，名前も理解しています。

7月2日の登園時間の母親とのやりとり

母親　「先生，最近Eと会話が続くようになってきたよね！」

保育士「そうですよね〜，私も最近そう思いますよ。やっぱり，お母さんと私とで一緒に同じ目標をもってかかわっていくことってE君にとってはいいことなんですね」

母親　「今まではほんと，子どものなかでも仲間はずれというか，会話にいれてあげなかったからいけなかったわ」

保育士 「そうですか。でも今気がついて，意識して会話を楽しんでいけて
　　　　よかったですよね」
母親　　「ほんとそうだね〜，また報告するわ」
といって嬉しそうに仕事にいかれました。
　母親もE君との言葉のやりとりのなかで変化を感じ取ることができたようでした。懇談会での話し合いが生かされたのだと思いました。

4　まとめ

　本事例においてまず実感したことが2点あります。1点目はE君の育ちにかかわり，基本的生活習慣，なかでも排泄の自立を確立したことが，その後の発達に大きくつながっていったことです。特に人間関係の広がりから遊びの共有ができるようになり，またそのなかでコミュニケーション能力も育っていきました。
　もう1点は，母親と一緒になって排泄の確立をはじめ，E君の育ちを一緒に考え悩み，喜びを日々共有していくことで，母親と信頼関係が深まり連携の基盤ができたことです。
　保護者支援の内容については，登園，降園時の情報交換はもちろんですが，他の保護者が次々に迎えにくるなかで，お互いに思っていることをなかなか深く話せないでいることが多いのではないでしょうか。はじめから個別懇談会がある園もあるでしょうが，子どもの発達支援を考えるとき，保護者の思いを知る上でも，保育者の方から様子をみて懇談会の場の設定をすることも支援の糸口になると考えます。
　E君への母親の見方の変容にもあるように，ときには保育者が行っている援助の仕方を具体的に見せながら伝えたりし，子どもに対する母親のかかわりを客観化させながら気づきにつなげたり，援助方法を家庭と連携し一貫性をもたせていくことで，子どもへの支援体制を強化することができるでしょう。
　保育者の資質においては，子どもの発達を捉える際に，個別的な見方と，集団（関係性）においての視点が重要だと考えます。個別的な見方では，発達障害のある子ども，特別な配慮が必要な子どもに対して，気になる行動の側面ばかりに

目を向けるのではなく，さまざまな側面からよく子どもの姿を観察し「育っている部分」と「育ちそびれている部分」を明確にしていかなければならないことです。その上で，第3者にも理解できるように，生育歴，病育歴などその子どもの育ちの背景を整理する必要があります。また発達診断テストを用いたりし，客観的な事実も付き合せて発達プロフィールを整理しておくことで発達課題を明確化しやすく，援助を考えていきやすいと思います。

　一方で，保育所は集団保育の形態をとっているため，統合保育の利点を生かしていくことを考えなければなりません。E君の母親が「この子が生きやすいように支援してあげたい」といっていました。保育者は障害のある子どもや特別な配慮が必要な子どもが，周囲の子どもたちに理解されるように行動の背景となる気持ちを代弁して伝えたり，他の子どもの「なんでE君は？」という問いに対して対話することも大切です。

　乳幼児期は生涯のうちでめざましい発達を遂げる重要な時期です。保育者は1日8時間，つまり1日の3分の1という多くの時間を，年間を通してその子どもの発達にかかわっているという自負をもって，保護者の思いを受けとめながら信頼関係を築き，一緒にその子どもの育ちにかかわっていくという姿勢を忘れてはならないと思います。

参考文献・資料
中川信子（1992）「幼児のことば」新日本医師協会東京支部
A市保育士研修記録（2005）

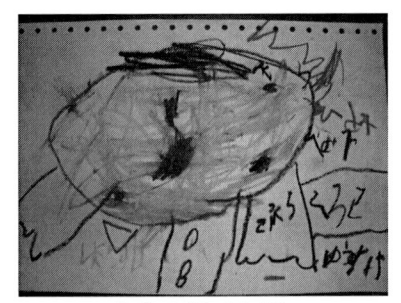

自分の顔（5歳）
自分の顔と家族の名前をひらがなで書きました。

7　大人との一対一の
　　関係づくりにたちかえって

櫻井　貴大

　昨年度，私は自閉症児Bちゃんを含む21人の年中児を担任していました。その1年の間でどのようにBちゃんが成長していったか振り返り，考察します。

1　入園当時のBちゃん

　「Bちゃんの力があれば，おそらく保育所での集団生活のなかの方が刺激もあり成長が期待できる」ということで障害児通園施設から保育所に移ってきたBちゃん。児童福祉センターにて自閉症，知的障害と診断されていました。クラスは4歳児クラスでBちゃんを含む20人に担任と障害児補助の嘱託職員（K先生）の2人体制でした。入園してから人見知りもなく，初日から母親と「アイアーイ」と言って別れることができました。しかし，園庭に出ようと靴を用意すると泣き叫ぶばかりでした。担任に抱っこされ園庭に出て，少し落ち着いたときに靴を履かせることにしました。その後に，すべり台があることに気付くとすべり台に向かって走っていき登ろうとしました。すべり台は本来使用禁止ですので「ダメだよ」「メッだよ」と言葉がけするも，反応は全くなく，制止を振り切って登っていきました。下ろそうととすると泣いて叫ぶので，一緒にすべり台に登って様子を見ることにしました。その後はすべり台の上で座って過ごしていました。

　初日に朝の会で「Bちゃんはまだ，言いたいことが上手に言えなかったり，苦手なこともたくさんあるけど，少しずつ練習して上手になっていくので，みんなも応援したり見守ったりしてあげてね」とクラスに周知することにしました。

　新しい友だちがクラスに入ってきたということで，H児は嬉しくてBちゃんのそばに行き，手をつないでいました。そうしてもらうとBちゃんにも笑顔が

見られ，追いかけっこも楽しんでいました。

　園庭では砂場かすべり台にいることがほとんどでした。室内ではお絵かきや粘土をしますが，飽きてくると部屋を飛び出したり机に登ったりしていました。大人が抱っこをして「メッメだよ」と伝えながらくすぐり遊びをしたり，テラスに出たりして気分転換をして落ち着かせるようにしました。

　午睡は遊戯室に移動しますが，部屋に入るものの，布団に入ることを泣いて拒否するので，K先生に抱っこしてもらい落ち着けるようにし，眠った後に布団に入るようにしました。しかし，眠らないこともあり，眠ったとしても30分もしないうちに起きて部屋のなかを走ったりよじ登ったりするので，ほとんどの時間は大人が抱っこして落ち着かせるようにしました。

　4月は抱っこされながら大人との関係を築きつつ，保育所に慣れることができるように心がけることにしました。

　5月に入り保育所の一日の流れの見通しがもてるようになってきたのか，部屋を飛び出すことも少なくなり，午睡時は大人に足をさすってもらうことで布団に入り，眠ることもできるようになってきました。

　保育参観ではBちゃんが他の遊びと比べ粘土遊びであれば集中して遊べることやクラス全体も粘土遊びが好きであるということ，また，次の日遠足を控えていたことも踏まえて粘土でお弁当作りをすることにしました。保育参観ということで親子で一緒に作るようにし無理なく参加できる形にしました。

　当日は大人が大勢いるなかでも不安になることなく，母親の横で米粒ほどに小さく丸めた粘土を大きい粘土に貼ることを30分ほど続けていました。その後のクラス懇談会で母親は，保育参観に参加するのに戸惑いもあったが，今日のBちゃんの姿を見て，参加して良かったと思えたことを話してくれました。

　少しずつ変化や成長が見られるようになってきましたが，オムツで過ごしていることや，言葉がほとんど出ていないこと，大人との信頼関係が十分に築けていないことなど，課題は多くありました。

2　他児もBちゃんの成長を喜ぶことができる雰囲気作り

　6月に入り，保育所での生活にも慣れてきたということで，トイレトレーニ

7　大人との一対一の関係づくりにたちかえって

ングを始めることにしました。やはり，最初は嫌がり，大泣きしていました。大人が脱がせて，手をつなぎ「1，2……おまけのおまけのきしゃぽっぽ～，ぽ～っとなったらかえりましょ，ぽっぽ～」と歌が終わるまでは座っていることを伝えるようにしていきました。この歌には興味があるようで，歌うと泣くのを止めて耳を傾けるようになり，「ぽっぽ～」の部分で笑うこともありました。しかし，午睡時にオムツにおねしょをすることがほとんどでした。

　食事面では丁寧に「待っててね」と声をかけると，食べたそうに手を伸ばすものの触らず待てるようになりました。

　主活動ではマット運動やろくぼくを取り入れてきました。しかし，順番を待つことができないので，抱っこしていましたが，それでも難しかったので自由に遊ぶことにしました。ろくぼくを渡っている他児の下でろくぼくトンネルを楽しむＢちゃん。担任は「Ｂちゃんワニがいるから気をつけろ～」と声をかけＢちゃんに役割を与え，他児もそれによりイメージが膨らみ楽しめるように援助しました。他児も「うわ～，Ｂちゃんワニに食べられる～」と笑顔でろくぼくを渡り，Ｂちゃんもろくぼくから顔を出し他児が笑っているのを見て笑い，お互いに楽しむことができました。他児も「またＢちゃんワニやってほしい」「楽しかった」という声を聞くことができました。

　また，大人はＢちゃんの変化や成長を声に出していくことにしました。たとえば「Ｂちゃんがきゅうり食べることができた」や「もういただきますまで待てるようになったね」など声に出していくことで他児もＢちゃんの成長や変化を意識し始め，Ｂちゃんが転んで「イターイ」と言ったときには「今，Ｂちゃんがイターイって言うことができてたよ」と教えに来る姿も見られるようになりました。

　7月に入りプールが始まりました。プールが大好きなＢちゃんは周りが水着に着替えるのを見ると急いで水着に着替えようとしていました。プールでは狭いスペースなので自然と他児とのかかわりが生まれやすく，プール遊びを通して大人と一対一での遊びを充実させたり，それを広げ他児と複数人で遊べる機会になるように働きかけてきました。顔に水がかかることには抵抗があるようでしたが，顔にかからないように水のかけ合いをすることはすごく好きで，「それそれ～！」と水をかけると「キャーッ！」と逃げてはまた近づき，水をかけ

られるとまた「キャーッ！」と言って笑いながら逃げることを繰り返し付き合うようにしました。

　少し前からBちゃんを意識し始めた他児（特にH児）は担任が浮き輪で浮かんでいるBちゃんを引っ張っているのを見て真似したり，追いかけっこをしたり「いないいないばぁ」をするなどのかかわりも見られ，楽しむようになってきました。するとBちゃんもH児たちがしている水遊びを真似ることも見られるようになり，「あ！　Bちゃんもやってる」と他児も自然と笑顔が見られることもありました。

　午睡も安定して眠れるようになり，遊んでいる場合でも「ねんね！」と言われると大人の顔をじーっと見つめ，諦めて眠るようになり，大人との関係が少し深まりBちゃんに伝わるようになった印象を受けました。

　8月頃になるとプール遊びで他児とかかわり合うことの楽しさを味わうことでBちゃんも他児を意識するようになりました。他児が集まって絵本を見ていると，そこに行き覗く行動も見られました。また，席替えをして隣がE児からC児に替わるとC児に興味をもつようになりました。C児が遊んでいるとその周りを歩き，顔を覗きこんでいました。それに気付いたC児が手をつないであげると，嬉しそうに跳びはねC児の顔を見ていました。C児に「トイレ連れて行ってあげてね」と伝えると一緒に行き，泣かずに便器に座ることもできました。その流れで帰りの用意も始め，タオルとコップをバッグに入れることもできるようになりました。おままごとで遊んだ後は「どうぞ」と言って渡すと所定の場所に戻すこともでき，視覚的に場所や方法はよく理解しているようでした。

3　排泄の自立に向けて

　9月に入り他児が一層Bちゃんを意識して手助けしてくれることが増えました。その反面，帰りの用意をしてあげたり，嫌がっているのに無理やり遊びを押し付けたり，抱っこしたりするなどの行動も出てくるようになりました。そこで「Bちゃんに色々教えてくれることは良いことだけど，Bちゃんは赤ちゃんじゃなくてみんなと同じ4歳でもう少しで5歳になるんだよ。だから，Bちゃ

んだってできることが増えてきてるし，できないことだって練習してできるようにしていかないといけないの。だから，できなくて困っているときに手伝って，嫌がっていたらやめてあげてね」とクラス全員に伝えました。他児も少しそれを意識できるようになり，Ｂちゃんの反応に段々と目を向けることもできるようになっていきました。

　朝，登園時に大人に抱きついたり，鬼ごっこを求めるように走った後に笑顔で振り返り追いかけてきてほしそうにしたり，おたより帳をわざと間違えてもって行き大人の表情を見たりするなど関係も深まってきたように感じました。視覚的に理解できることも増えてきたので9ピースパズルを大人と一緒にするようにしました。最初はなかなかできないものの，大人に手伝ってもらい完成したときはパズルをもって眺め「ン〜，ン〜」と言って嬉しそうにしていました。「上手上手」と言って拍手したり頭をなでてあげるとさらに喜び，次のパズルを出して挑戦していました。できることがわかり，自己肯定感をもてるようになってきたと感じました。

　トイレに座ることも慣れてパンツで過ごすようになりました。触れあい遊びの「お寺の和尚さん」が好きで，トイレで歌うと今までよりも長い時間座ることができるようになりました。歌が終わった後に「うーん！」と大人が言うと，Ｂちゃんも顔を真っ赤にして「ウーン」と真似していました。

　午睡もこの時期からなくなったこともありおもらしが増える結果となりましたが，Ｂちゃん自身はおもらしを気にしない様子で，ズボンとパンツを濡らしたまま走り回ることがありました。その都度，そこを指差して「シッシだね」と伝えました。Ｂちゃんもそれを見て「シッチ」と言っていました。拭いてあげるときも「きれいきれいだね」と伝えるよう心がけました。

　10月に入りトイレで「うーん」と練習をしていると，その拍子に少量の尿が出ました。Ｂちゃんは不思議そうに自分の股と，喜ぶ大人の顔を見ていました。頭をなでられ「出たね。シッシ出たね」と褒めると，それを感じたのか笑顔になり「ンー，ンー」と言って喜んでいました。その後，おもらしもありましたが，一回まとまった量が出たときがありました。Ｂちゃんは自身自分の股を眺めながら（力加減がわからず便器から飛び出たりするものの）尿の出る感覚はつかめたようでした。いつもオシッコが出ると拍手をしてもらい褒めても

らえるので，出し終わった後は「できたよ？　すごいでしょ？」と言わんばかりの笑顔で大人の反応をうかがっていました。そこで褒めてもらうとやはり喜んでいました。オシッコをして褒めてもらえるという経験を繰り返すなかでトイレで安定して成功するようになりました。排泄は大きな課題であったので母親もとても喜んでいました。

　パズルで遊んでいるとき，できないときは大人の手にパズルのピースを渡すことが出てくるようになりました。このような交渉(やりとり)や要求は今まではっきりと見られなかったので，それを大切に育てていこうと思い，できる限り自分から何か働きかけることで相手が動いてくれる経験を積ませるようにしました。

　排泄成功やパズルができた達成感で自己肯定感をもてるようになったＢちゃんは，食事面でもチヂミ（ねぎ，えび入り）を食べることができ，ポテトサラダのハムやきゅうりも食べるなど広がりを見せるようになりました。母親も今まで食べたことのなかったねぎを食べることができたと聞いて喜んでいました。それに伴い，家でもトレイに連れて行き成功することもありました。大人とのかかわりも深まり給食時「おいしいね」と声をかけると「オイシー」と言ったり，パンがなくなり他の物に手をつけないときに「パンちょーだいだよ」と声をかけると「パン」と言ったり言葉の面でも広がりが見られました。他児も「今おいしーって言ってた」「パンって言えるようになったんだね」と成長を喜び合う姿もみられるようになりました。

　11月に入ると自分の意志を表すことも増え，嫌なことは「イターイ」と言ってアピールするようになりました。それらを丁寧に「眠いね」「冷たいね」と言葉にしながら受け止めるようにしました。この頃からは他児がしている遊びを真似して遊ぶことができるようになりました。特にタッチリレーは「よーい，ドン！」の掛け声でスタートし，コーンを回って帰ってくることもひとりでできるようになりました。

　また，毎朝登園すると，担任とＫ先生の前に来て笑顔を見せてくれ「おはよう」とあいさつすると「オアヨー」と返してくれることが習慣になったり，トイレに連れて行くと自分でズボンを脱いで便器に座っておしっこをしたりと加速度的にできることが増えた時期でした。

4 他児に支えられ，自立に向け見守り，待つ

　12月に入ると給食当番をすることにしました。今まで他児の動きをしっかり見てきたBちゃんは一人ひとりに間違えることなく配ることができました。給食当番でインタビューを受けたり，号令を不明確な発音ながら一緒に言ったり，エプロンをつけて前に並んだりすることはとても嬉しいようで，「お当番だよ」に反応して手洗いをしようとしたりベストを自ら脱ごうとしたりする姿も見られるようになりました。他児も「Bちゃん，もうお当番できるんだね」「間違えてないからすごいね」と認めるようになりました。

　自己主張ができるようになり，食べたくない物は大人に向かって「アーン」とすることもありました。それを見て他児は「アーンって間違えてるよ」と言って笑うことがありました。そのときに「Bちゃんはまだ『食べたくない』って言うことができないから「アーン」ってことが『食べたくない』てことなんだよ。Bちゃんは今お腹が空いているけど，嫌いなものばっかりで食べられなくて困ってるんだよ。それなのに笑われたらどう思うの？」と，クラスで考える機会をもつようにしました。

　嫌いな食べ物でも大人に「食べます」と言われると，「アーイ」といいながら渋々一口二口食べることができることもありました。また，こんにゃくは今まで食べなかった食材ですが，自らかじってみるなど意欲的な面も見られるようになりました。

　ベストが脱げず「アッテー」と言って大人のところに来ることも出てきました。
　1月に入ると，外に出るとき自ら帽子とベストを取りに行き着ようとしたり，1日の生活の流れを覚え見通しをもって行動できるようになってきました。自己主張もさらに見られるようになり食べたくないときは口を手で押さえ，嫌なときは泣くだけでなく地団太を踏んだり，腰に手を当てポーズをとったりしてアピールするようになりました。もちろんイヤイヤが多くなり今まで以上に時間がかかる時期でしたが，「自分から『嫌だ』ということが表現できるようになったんだね」とK先生と成長した部分に視点を当て共感することで，保育士側としても前向きに保育することができました。

友だち関係ではD児に強くひかれるようになり，給食後にD児があやとりをしていると一緒に綱引きのようにして遊んで貰ったり絵本を見たりするようになりました。
　また，人間関係の広がりをもたせるために，自分で意思表示できるように見守ったり，再度大人との関係を作り強いものにしていくことにしました。
　2月に入りD児との関係はより一層深まり，散歩時もD児以外の子とは手をつなぐのを拒否したり，帰りの会でマットに座るときは必ずD児の隣に座ったりするようになりました。基本的生活習慣も大人がついていなくてもできることが増えてきた反面，飽きもあり大人に促されてもしなかったり聞こえないフリをするようになりました。そこでD児にお願いしてBちゃんに伝えてもらうと一緒にできることが嬉しいようで無理なく進めることができるようになりました。D児が欠席したときにはH児やC児の横に座ることがほとんどで，依然としてH児，C児は特別な存在であるようでした。
　この時期は保育参観があり，劇ごっこをすることになりました。Bちゃんはまだ言葉があまり多くないので場面転換の部分でピアノが鳴ったら前に出てきて画用紙を貼る（複数回あり）こと，最後にBちゃんが言うことができる「バイバーイ」という個人的な台詞を入れ参加することにしました。当日はD児の隣で落ち着いて座ることができ，ピアノが鳴り画用紙を渡されると前に出てきて貼り，台詞も言え大成功に終わりました。母親も「ちゃんと前に出てあれだけのことができるなんて驚きました」と非常に嬉しそうな様子でした。

5　もう一度，大人との関係を見直し，深めていく

　少しずつ他児を求めるようになってきたBちゃんでしたが，Bちゃん自身他児と遊びたいものの，どうかかわって良いのかわからない様子が見受けられました。そこで，大人との関係が十分強固なものであったのか振り返り，見直していくことにしました。特に三項関係によるかかわりで，さらに大人（まずはK先生）との関係を深めていき，そのなかで自分の好きな遊びを見つけそれを大切にしていき，志向性，要求，興味，探索心，能動性を育てていこうと考えました。
　まずは，好きな遊びに時間が許す限り付き合うようにしました。そのなかで，

7　大人との一対一の関係づくりにたちかえって

　今まではBちゃんの表情や雰囲気から「何がしたいのか」「これがほしいのではないか」と推測して大人が先回りして動いていたことを反省し，大人もかかわり過ぎず，自分で要求を出す経験ができるように見守ることを増やしました。パズルやベストの着脱時も大人の前に来て引っ張ったり，パズルのピースを手にもたされたりしても待つようにしました。すると，小さい声で自信がない様子ではありますが，「ア……ッテ」と言葉で伝えてくれるようになりました。そこで大人がベストを脱がしてくれる，パズルのピースをはめてくれるなどの経験を繰り返してきました。特にアンパンマンのお絵かきはお気に入りで，アンパンマンのキャラクター表を置いておくと，描いてほしいキャラクターを指さし（最初はクレーン動作でした）「ヤッテ！」と確実に言うことができ，一緒に手を添えて描いてもらうととても嬉しそうにしていました。特に興味の強いものには能動性や要求を表そうとする意欲が見られることを実感することができる出来事でした。このように，子どもの小さなシグナルにも応答し，心の動きを尊重し受容するように接し，その子にとって要求を受け止め達成してくれる「特別な人」になります。そしてそれらの経験を積むことによって，衣服の着脱も泣かずにスムーズにできるようになり，簡単でよくする遊び（粘土，パズル等）は自分から片付けるようになりました。

　そのような経験を繰り返していくなかで一層K先生との関係も強まり，担任がトイレに連れて行っても嫌がることがあっても，K先生に交代すると笑顔になりトイレに行けたり，給食当番のK先生が帰ってくると跳びはねて喜んだり，走り寄ったりする姿も見られ，関係がより深まった印象を受けました。また泣いて訴えるということが減り，Bちゃん自身のストレスも減り安定して生活ができるようになってきました。

　また，「給食当番で配ってもらったときに『ありがとう』と言うようにすると気持ちがいいよね」とクラスで話をして，Bちゃんが給食当番になり配ったときに，他児が「ありがとう」を言ってくれると嬉しそうに笑顔を見せてくれました。それ以降も配った後は他児の横で顔を覗き込み「ありがとう」を待っていたり，簡易ボールプールで新聞のボールを外に投げたりして友だちが笑うことが嬉しいようで，投げた後に他児の表情を確かめるように笑顔で様子を伺っていたり，友だち関係でも相手の表情を見たりすることが増えてきました。

3月に入り，家での様子をより詳しく知り，母親ともよりスムーズに連携して進められるように「食事，排泄，家での出来事」と3項目に分かれている小さな用紙に記入してもらうようお願いしました。そのなかで，お風呂に入る前には確実に排泄をすることができていることがわかりました。そこで，降園前の排泄をせずに，家に帰ったらすぐにトイレに向かい排泄することを習慣化することを提案しました。母親も快く了解して頂き，すぐに習慣化するようになりました。それだけでなく，夕食時に母親の手を引っ張りながら「チーチ」と教えてくれたり，兄にアンパンマンのゲームをもって行き「ヤッテ」とお願いしたりするなどの変化が見られるようになりました。

お忙しいなか，Bちゃんのお母さんには用紙に細かく記入して頂き，家庭での生活がより鮮明に知ることができるようになりました。それにより，お母さんの努力を知り，どんなところに苦労しているのか，どのようになって欲しいのかというBちゃんへの思いや願いに沿った保育にもつなげることができたと思います。それだけでなく，「こんなことがあった」「こんなことができるようになった」と成長を共感することで，喜び合いながら保育することができるようになったことは本当に大きかったと思います。

6 要求を育てる

年が明けてから園ではBちゃんが「これがしたい！」と思えるような遊びを見つけられるようにいろいろな玩具で一緒に遊んだり，玩具自体を作ってみることにしました。そのなかでもダンボールの箱に新聞紙のボールを入れた簡易ボールプールには強く興味を示し，その箱のなかに入ってじっとしたり，新聞紙のボールを箱の外に投げたり，お友だちに「船だよ〜」と言って揺らしてもらったりしながら遊んでいました。今までは玩具を片付けるときも，「もうおしまいだよ」と声をかけ一緒に片付けるようにすれば嫌がることはほとんどありませんでした。しかし，簡易ボールプールだけは片付けようとするとしがみついて抵抗し，片付た後も大人の顔を見ながら，棚の上の簡易ボールプールを指差し，泣いて訴えることがありました。すでに片付けの時間でしたが，そのときはBちゃんが自分で要求をしてくれたことを尊重し，他児がトイレや手洗い

などを済ませるまで簡易ボールプールを出して遊ばせるようにしました。

　要求が出てきたところで，それを自分で満たすこともできるようにとBちゃん用の玩具ロッカーを作りしました。手持ち無沙汰で室内を走っているときにはロッカーの前に行って「どれにする？」と自分で選べるようにし，その遊びに夢中になり30分以上集中して遊べることも増えてきました。次第に室内を走っているときに「Bちゃん，遊びたいのもっておいで」と言って玩具ロッカーを指差すと自分で玩具を出すようになりました。それに慣れると自分で玩具を出して遊ぶこともできるようになってきました。

　この時期からトイレに行きたいときなどに，それを相手に伝えようとする素振りが見られるようになりました。しかし，その手段としては大人に抱きつく，引っ張るということがほとんどでした（「チーチ」と教えるのは家でのみでした）。このときに，Bちゃん自身が自分の要求を伝えるべき手段を知らないということに気付きました。そこで今までの援助を振り返ると，やはり「してあげる」ということがほとんどで，それにより無意識的にBちゃんの意思をないがしろにして生活のなかでBちゃんの行動を制止することが多かったことに気付きました。それは，つまり，Bちゃんが成長しようとする力を押さえ込んでしまっていたのかもしれません。その後，進級して新しい生活に慣れたときに，絵カードを貼ったホワイトボードを作るとわずか数日でトイレや自分のしたい遊びの絵カードを担任のところにもってきて「ヤッテ」と言い，その遊びに没頭し，楽しそうなBちゃんの姿を見ることが多くなりました。

7　1年を振り返って

　4月当初は保育所の生活に慣れるまでに泣くことが多く，担任自身不安を感じることもありました。しかし，それでもBちゃんが自分自身のペースで発達してくれることを信じ取り組んできました。言葉が出ていなかったり，排泄が自立していなかったり課題は多いものの，嘱託職員のK先生がBちゃんの降園まで個別的サポートをして頂けたことは本当に大きかったと思います。そのなかでBちゃんは要求を受け止めてもらい，K先生を拠り所として園生活になじんでいけるようになったのだと思います。そして，排泄が成功し，Bちゃん

は周りの先生や子どもたちから認めてもらうことで「できた」という達成感は大きな成長のエネルギーになったように思います。それ以降，Bちゃんの周りへの関心も広がりお気に入りの友だちと一緒にいる心地よさも感じることができるようになってきました。しかし，ある程度のところでBちゃんの可能性と現実との差を感じるようになり，どこに原因があるのか悩み模索しました。そこで「ひとりの大人とBちゃん」という関係を今まで以上に深めていくことにしました。一見遠回りにも思えましたが，好きな遊びを介してBちゃんの要求を正確に読み取り，対応，交流，共感していく。そのなかで，Bちゃんの遊びを広げていき，ものの見方を広げ，他者とのコミュニケーション関係に気付き，「こうしたい」「こうしてほしい」という要求につながったように思えます。その要求を実現させようと「ヤッテ」「アッチ」という言葉が場面適応して使われるようになってきました。言葉の面が発達してくることで思考する力も伸び，より興味，関心が強まり，要求も強まるという正のスパイラルになり成長を加速させたように思いました。

　つまり，母親や兄に対して「ヤッテ」「アッチ」ということばが多く使われていることからわかるように，まずは人間関係をしっかり築くことがすべての土台になるのです。この事例では，一度立ち止まり，振り返り，再度大人との一対一の関係を作ったことが，今の生き生きとしたBちゃんの姿につながる大きな要因だと思っています。

8　地域での連携と母子支援

野村　敬子

　幼稚園の年長組に在籍している発達障害幼児D君に対する支援内容と保育所を長期欠席しているW君に対する福祉関係機関及び在宅サービスを利用した支援体制の方法について紹介します。

大きな音や場面変更にパニックを起こす高機能自閉症D君の集団活動へのアプローチ

1　D君のプロフィール

　D君（5歳児）は，両親と3人で暮らしています。母親は、D君を産むまでは看護師として病院や障害児施設などで働いていました。母親は，D君が生まれて10ヵ月くらいに，笑いかけても名前を呼んでも反応が乏しい子どもだなと感じていました。しかし，3歳になったとき，D君はこだわりが強く，不安なことがあるとパニックをよく起こすようになり，病院で検査を受けることにしました。検査の結果，高機能自閉症と診断されました。母親は，D君の障害を受容し，とても熱心に療育に取り組んでいます。週に1度，療育センターへ通い，3ヵ月に一度通院しています。

2　D君の特性とその理解

1. 進級当時の様子
　D君は，年長組にいます。1クラス35名で，そのうち，D君1名が高機能自閉症です。加配はありません。
　クラスのなかでD君は，おもしろい子だと思われています。時々ひょうきんなことをして，みんなを笑わせます。みんなが笑っているのを見てD君も喜び

ます。友だちと遊ぶことが好きですが，ひとりで電車の時刻表を見たり，60色のクレパスを並び替えたりすることを好んでひとりで楽しんでいます。友だちや先生の言っていることが理解できなくて行動に移せないことが時々ありますが，笑ってその場を過ごすことが多くあります。しかし，D君はいつもニコニコしているので，周囲の友だちはD君が理解していないとは思っていません。ですので，大きなトラブルはみられません。

　D君は，大きな音が嫌いです。また，場面が変更したり，暗い場所にとても恐怖心を示します。具体的な例を挙げると，教室からホールへ移動する際に，「部屋を移動する」ということに不安を感じて泣きそうな表情で「怖い！」と訴えてきます。太鼓のバチ遊びの最中では，粘土板をたたいていると、「うるさい！」と言って耳を押さえ廊下に出て行くこともあります。運動会でのピストルの音にも，毎回耳を押さえています。その他には，防災装置の点検・避難訓練などの火事のアナウンスには，わからないものへの恐怖心から泣き叫びます。暗さへの恐怖は，遠足で行った動物園のコアラやコウモリコーナーが暗くなっていると入ることができませんでした。

　また，相手の感情や顔の表情が読み取りにくいということもあります。クラスの友だちと集団でかくれんぼをして遊んでいたとき，D君が最初にタッチされ鬼になりました。クラス全員の子に「次のオニはD君だよ」と言われても，全く反応を示さず，素知らぬ顔をしてその場から離れてどこかへ行ってしまいました。みんなは，追いかけてきて「ずるい！」と口ぐちに言っていますが，D君は何をみんなが言っているのか理解ができません。このように場面に応じた感情や相手の表情から思いを汲み取るということは困難です。

2. D君の行動特性への対応

　年少組の頃，降園時間を知らせる音楽（ディズニーのエレクトリカルパレード）がなると，教室を飛び出し職員室の前まで走って移動してきました。時計から飛び出す人形が気になるようでした。園では，D君の「好きな物を見たい」という意思を尊重し，教室から飛び出すことを禁止しないようにして，教師もD君と一緒に飛び出す人形を見て楽しむようにしました。また，D君の好きな物の1つに数字があります。絵画の時間に，画用紙に数字をたくさん描いてい

ました。それも禁止をしないで，「自分の意思を自由に表現できるように」好きなように描けるようにしていました。

3. 集団活動における個別支援
【音楽フェスティバルの行事において】
　年に１回の行事である音楽フェスティバルに参加し，消防隊の吹奏楽団の演奏を聞きに行ったときのことです。館内に大きな音が響き渡ることで，音についての対応が必要なことを，保護者には連絡しておきました。母親は，大きな音に反応をして周囲に迷惑をかけることを予測し,耳栓をもたせてくれました。他の行事でも同様に大きな音が出る活動時や，ボーリング大会・お泊まり保育などの行事の前には連絡をするようにしていますので，行事のときはいつも鞄のなかに耳栓が入っています。吹奏楽団の演奏が始まる前に，D君には，大きな音が出ることを伝えておきました。そして，耳栓をポケットから出すように伝えました。最初の演奏は戦隊ものでした。D君はとても興味深そうに楽器を見て楽しんでいました。２曲目から大きな音が出始めると，「うるせ〜」と言いながら，耳を押さえていました。周りにいた子どもたちも同じように「うるせ〜」と言っていましたが，演奏を夢中に聞き入っていました。
　D君が耳栓を使用するかどうかは，次のように意思を尊重する声かけにしています。
　先生:「耳栓する？」
　D君:「しない」と言って，両耳を押さえる。
　しばらくして，床に視線を移し始めた。
　先生:「耳栓する？」
　D君:「する！」と言って，両耳に耳栓をつけた。すると，落ち着いた様子で自分の手と手を絡めて遊び始め，小さな声で電車の名前を言ったりしていた。
　　時々，知っている曲（どんぐりころころ等）が聞こえてくると視線を楽器に移し，歌っていた。
　先生:「耳栓はずす？」
　D君:「……」首をふる。
　演奏が終わってから，「もう終わりだよ」と知らせると，自分で耳栓を外し

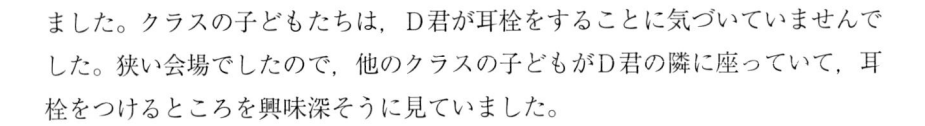

ました。クラスの子どもたちは，Ｄ君が耳栓をすることに気づいていませんでした。狭い会場でしたので，他のクラスの子どもがＤ君の隣に座っていて，耳栓をつけるところを興味深そうに見ていました。

【運動会の鼓笛隊のフォーメーションの練習場面において】
　年長になると，運動会で鼓笛隊として演奏する場面があります。鼓笛隊は，クラス全員で曲に合わせて隊形を変えながら楽器演奏をします。保護者は子どもの鼓笛隊の姿を大変楽しみにしていて，運動会のメインイベントの１つでもありますし，幼稚園の花形の行事でもあります。しかし，演奏をしながら移動をするフォーメーションは，隊形が円になったり，線になったり，十字が回転したりと曲に合わせてさまざまに子どもたちは移動します。全員の子どもたちがフォーメーションを覚えるまでには，個人差に合わせて個別指導が欠かせません。発達障害のあるＤ君には，「隣の友だちと前の友だちについて歩くんだよ」と伝えておきましたが，曲のフレーズにどの動きを合わせるのかを理解していないために場面の変化に適応困難なＤ君は，今何をやっているのか動くたびに不安が募ってパニックを起こしている様子が表情から読み取れました。
　全員の子どもたちが，曲に合わせて動けるようにするにはどうすればよいのかを全職員と話し合いました。円がわかりやすいように水で線をつけました。Ｄ君にわかりやすくするために，ベニヤ板を切ってペンキを塗り，釘をさして「ポイント札」の教材を作成しました。使い方は，曲のリズムに合わせて斜線の記号は８歩足踏みをします。また，斜めに線が入っていない場合には，そのまま進みます。大好きな１〜５までの数字を使って１→２→３→４→５の順番をたどりながら行進して移動をします。Ｄ君以外の子どもたちには，１メートル間隔に杭を打ち，それを目印にして移動ができるようにしました。
　練習場面から，曲に合わせて「ポイント札」を活用し何度も隊形の練習をしました。本番は，Ｄ君は最後まで間違えずに行うことができ，誇らしげな顔で鼓笛隊に参加ができました。運動会が終わるまで顔がにこやかで，保護者も嬉しそうでした。

3 保護者と幼稚園の連携

　D君の母親は，基本的な生活活動が自分でできるようになってほしいという願いをもっています。幼稚園では，D君が惑わないで行動がとれるように母親と情報交換を密に取り合っています。そして，家庭と幼稚園で同じ方向性で支援を繰り返すようにしていきました。今できている活動を今以上にできることを増やしていくために，できそうな活動の選択肢を与えて支援していきました。今日できたからといって毎日できるとは限りませんので，できなくても叱らず，できたときには十分褒めて励ますようにしていきました。

　年少の頃は，「耳栓しますか？　しませんか？」というように，こちらからできそうな行動を選ばせて「耳栓をする―耳栓をしない」のどちらかを選ばせて実行させるようにしていました。しかし，年長になり，D君の成長に従って，場面や状況に応じて自分の意思で行動がとれるようにしていく必要がでてきましたので，支援方法を変更し，意図的に本人の意思を尊重した言葉かけに変えていくようにしました。友だちとの集団遊びが増えてくる年長児では，本人の主体性を重んじた関わりも大事になってきますので，興味関心をもって取り組める支援を行うためにも家庭生活の細かな情報が非常に参考になりました。

　幼稚園の役割のなかには，母親の抱える育児不安に対する支援も重要となります。D君の母親は，熱心な反面，育児に対するストレスを抱えています。保護者懇談は，母親の子育てについての話をじっくり聴くことで，母親のストレス解消にもつながります。また，母親が安心して幼稚園に預けられるようにすることも重要です。そのため，日頃から障害を理解するための研修会を開催したり，職員会議で子どもの情報の共有化を図っていくことを心がけています。

第2部　実践編

両親による虐待の可能性がある登園拒否自閉症児へのアプローチ

1 家族構成と生育環境

　W君（4歳・男児）は，両親と3人家族で暮らしています。3歳児健診のときに要観察と判定され，保健センターへ来所後，母子通園施設と言語療法訓練に通うことになりました。自閉症と診断を受け，療育手帳（A判定）を取得しています。最近では，母子通園施設や言語療法訓練に全く通わなくなっています。家族は，W君が出生する1年前に今の住所に引っ越してきました。父親はサラリーマンで母親は専業主婦です。生活環境は，ごみが散乱しており，洗濯や掃除は十分にできていません。それは，W君が洗濯機の音が嫌いで，洗濯機が動き出すと暴れることがあるため，それが原因でもあります。

　W君は，自宅では服を着ることを拒み，オムツ1枚だけ着けて過ごしています。母親が服を着せようとすると，顔や手を叩いたり，蹴ったり噛んだりするため，母親の顔には青あざがみられることもあります。また，W君は服を着ようとしないので，外出をしないで親子ともども自宅に閉じこもって生活をしています。

　父親は，W君と遊びますが，W君が遊びを拒否する態度をとるとW君を突き倒すことが時々あります。そのたびに，W君の叫び声が近所中に響き渡ることから，近所より市役所へ虐待通報が入ります。母親は，発達障害のある子どもとどのように接してよいのかわからず育児に不安を抱えています。相談できる人も近所にいないため母子共々支援が必要な状態です。

2　W君の理解と母子支援

1. 支援の必要性と方向性

　母子の生活と療育支援を目的に母親とW君は，社会福祉協議会，母子通園施設長，児童デイサービス管理者及び主任と面談を行いました。W君は，時々パ

ニックを起こすと物を投げたり嚙みついたりなどの行動を起こしますが，そうなると両親は，しつけの一環として手をあげたり，大声で叱りつけたりしていました。母親は自閉症のわが子にどのように接してよいのかわからず，困惑しながら毎日を送っていました。母親は，W君を今の状態から規則正しい生活に戻したいという気持ちをもっているのですが，どうしてよいのかわからないこともわかりました。母親に，気持ちの整理をしてもらうためにW君にどうなってほしいのか，今の生活をどうしたいのかを聞きましたところ，次の要望が出されました。

①母子通園施設や言語療法訓練に通えるように，生活のリズムを整えたい。
②家事ができるゆとりの時間がほしい。
③W君は，自宅内で服を着ないので着られるようになってほしい。
④オムツが外れてほしい。
⑤手洗いや歯磨きなど身辺のことが自分でできるようになってほしい。
⑥子どもの接し方や関わり方について指導をしてもらいたい。

　W君は，買い物に連れていくと場所にこだわりがあり，思うように買い物ができないことがあるようです。電車などで座ることができないと，パニックを起こし怒りだすこともあるようです。通常行っているパターンから外れて違うことを行うとパニックを起こし，着ている服を脱ぎだしたり，物を投げつけたり叩いたりという行動をとることもあることがわかりました。

　そこで，母子通園施設，市の社会福祉協議会，児童デイサービスなどの医療・福祉専門機関から，母親に対して次の要望を出しました。

①母子通園施設・言語療法訓練・必要なサービスを利用できるようにしてほしい。
②母親がゆとりをもって育児ができるよう，育児から離れる時間を作ってほしい。
③子どもの生育環境の整備をしてほしい。
④虐待の疑いが見受けられた場合，保護方法を検討してほしい。

　母親からの要望を満たすために，医療・福祉関係機関の連携により支援体制を作って総合的に支援していくことにしました。

表1　W君の医療・福祉関係機関のサービス利用状況

曜日	AM：利用機関・在宅サービス		PM：利用機関・在宅サービス
月	母子通園施設		言語療法訓練
火	母子通園施設		児童デイサービス
水	訪問介護（行動援護）	訪問介護（身体介護）	
木	訪問介護（行動援護）	訪問介護（身体介護）	
金	訪問介護（行動援護）	訪問介護（身体介護）	

2. 支援体制づくり

　現在W君は，生活リズムが不規則で外出ができない状態となっています。

　母親の要望を満たすには，閉じこもりを解消し，母親にゆとりの時間を作って規則正しい生活基盤を作り出すことと安全で衛生的な環境整備の確保を行う必要があります。そこで，W君には，母子通園施設での療育指導や言語療育訓練を引き続き受けること，訪問介護サービスを利用してもらい身辺自立を図るための介護サービスを利用し，母親の育児不安解消や家庭生活改善をめざすこと，そして，児童デイサービスを利用して，基本的な生活習慣・学習・運動・ソーシャルスキルの向上をめざした支援を個別援助計画に従って行っていくことを提案し，1週間単位で計画を立案しました。支援体制を表1のとおり組み立てました。

3. 具体的な支援内容と経過について

　現在利用しているJ児童デイサービスの支援内容と経過を紹介します。

　J児童デイサービスでは，毎週火曜日の15：00～18：00までの時間帯で支援計画を立案し，指導者全員で同じ支援内容のもとで目標達成に向けて支援を続けています。長期目標を「自宅でリズムある生活ができる」とし，次の10の重点課題設定を行い，最終的に課題達成をめざすようにしました。

　＜10の重点課題＞
　① 手洗いの動作ができる
　② 口に含んだ水を吐き出すことができる

③ おやつの時間に，椅子から離れずに座っていることができる
④ 入浴以外の場所では，服を脱がないことができる
⑤ 靴のマジックテープ留めがひとりでできるようになる
⑥ トイレで排泄をすることを理解できる
⑦ 玩具に興味を増やして遊ぶことができる
⑧ 名前を呼ばれて反応を出すことができる
⑨ 人を叩いたり物を壊したりなど人や物に手を出さないようにできる
⑩ 1つの活動時間の区切りで，次の活動場面に切り替えがスムーズにできる

　初回利用時は，入室拒否がありましたが，面談時に顔見知りの職員をみつけると手をつないで入室することができました。J児童デイサービスでは，利用する日には，日課として毎日，同じ支援を繰り返すことにしました。
　日課に沿った支援内容と経過を以下にまとめます。

手洗い・うがいの支援

　W君に向かい言葉かけを欠かさず行います。そして，背中側からW君を抱えて介助を2ヵ月間行いました。2ヵ月間で，言葉をかけるだけで，手洗いの場所まで移動ができるようになりました。その頃から，W君が真似しやすい模倣動作を使いながら，手洗いやうがいの仕方を職員が実際に動作を見せながら実施させていきました。石鹸を使うことには少し抵抗がある様子で，石鹸をつけてもすぐに洗い流してしまうので，水道水を止めておき，手洗い時間を長くとり石鹸をつけることに集中させることにしました。うがいについては，水を含んでも吐き出さずに飲み込んでしまう状態が見られましたので，リズムをとりながら水を吐き出す練習から始めました。数ヵ月かかりましたが，「吐き出す」という行為ができ，それができると半年後には，「ブクブク・ガラガラ」ができるようになりました。

歯磨きの支援

　歯ブラシを口腔内に入れることに拒否があり，歯ブラシを噛んでしまうことが多くありました。1ヵ月ぐらい経つと慣れてきたのか，前歯のみは歯ブラシを噛まずにできるようになりました。奥歯については，3ヵ月かかりましたが，

時間の経過と共に少しずつ嚙まずに奥歯まで歯ブラシを入れることができるようになりました。全介助であれば全ての歯をきれいに磨けるようになりました。その後，徐々に本人に歯ブラシをもたせて歯磨きを行うようにしていきました。徐々に自分で磨く習慣ができ上がってきました。しかし，現在は歯磨き粉の使用を拒否しますので，歯磨き粉を使用しないで続けています。

食事を座って食べる行為についての支援

当初は座ることについて抵抗があり，座って食べることに拒否的でした。座ったら食事が出てくること，立ったら食事をその場から下げてしまい，食べられなくなることを認識させるようにしました。それを繰り返すことで，今では座って食事が摂取できるようになりました。

排泄支援

オムツ交換時にトイレに座ることを徹底して行いました。トイレに入ると，便器内で水遊びを行えることが楽しみになり，「トイレは排泄するところ」という意識がないことがわかりました。そこで，トイレは排泄の場であることを意識付けるために，オムツ交換時は，毎回トイレで行うようにしました。排尿時間を計り，排尿時間に合わせてトイレに座らせることを習慣づけ，トイレへ誘導する際には，「トイレ」と必ず口頭で言ってW君をトイレへ連れて行き，排泄のときは「おしっこ」という声かけを行いながら介助を行いました。4ヵ月後には，支援者の膝を叩いて排泄のサインをだせるようになりました。

衣類関係の支援

衣類を用意して，服を着たらW君が好きな公園へ出かけられることを認識させました。最初は，拒否や他害行為などもあり，なかなか服を着ようとしませんでしたが，職員が「服を脱ぐ」「着る」という行為を見せ，その後，服を着たら外に出かけられるということをW君に意図的に見せました。W君に職員の着脱の行為を見せながら，実際にW君を外へ誘うことにしました。理解するまでにかなりの時間を要し，着ることについては叩いて抵抗することが続きましたが，1週間程度で外出することができるようになりました。しかし，外出から

戻ると，服を脱いでしまうことが続きました。それでも，継続して支援を続けました。帰宅後も，服を脱ぐことに対して「よくない行い」と制御をかけ，服を脱がずに着ていることができたら「よい行い」として，W君を笑顔で褒めるように働きかけました。「よい行い」を持続的にできるようにするため，W君の好きなからだの接触遊びとお絵かき（支援者が書いたのを模倣する）というご褒美をもらえることにしました。5ヵ月経過した頃，支援者がいる時間帯は家庭内でも服を着ていられるようになってきました。次にセンターだけではなく，家庭でも服を脱がないで着ていられるようにするために，家族にも支援者と同じ支援方法を実施してもらうようにお願いして継続支援を行っています。

靴のマジックテープ留め支援

靴のマジックテープを留めるときは，必ず座って行うことを徹底しました。そして，自分でマジックテープ留めをさせ，できたらW君の好きな活動ができるようにご褒美をあげるようにしました。

認知の支援

認知度については，本人に，「開始」と「終了」がわかるように，型にはめこむパズルやブロックパズルを導入して，今もっているパズルが全部埋まったら「おしまい」ということがわかるように意識付けを行うことから始めました。2ヵ月ぐらい支援を行うと「おしまい」については，時々怒る姿も見られますが，今やっている活動を終われるようになりました。

自分の名前を呼ばれても反応しないW君には，自分の名前をわかるようにする必要がありますので，W君の好きな色塗りや書くことを通して，W君の名前を職員が書き，名前の字を真似させる取り組みをしていきました。半年ぐらいで，自己の名前の漢字を書くことができました。

発語の支援

他人への興味も多く出てきて職員の模倣遊びや他児の模倣遊びが多く出てきた頃に，職員と一緒になって音声模倣遊びや見立て遊びを取り入れました。最初は，オウム返しの発声からはじまり，4ヵ月ぐらい経ってくると，「いただ

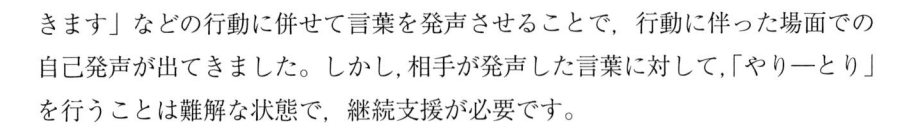

きます」などの行動に併せて言葉を発声させることで，行動に伴った場面での自己発声が出てきました。しかし，相手が発声した言葉に対して，「やり―とり」を行うことは難解な状態で，継続支援が必要です。

対人関係の支援

　支援当初は，TVをひとりでみていたり，音の出る絵本を見て遊ぶことが多く，他人が自分の空間に入ってくることや他者と関わることに対して強く拒否を示していました。コミュニケーションスキルを身につけるために，職員の指でW君のからだをくすぐったり，肩車をして，身体接触遊びを多く取り入れていくことにしました。時間の経過と共に，自分から「やってほしい」という要求が出てきたり，神社等に行く職員と一緒に頭を下げてお参りをしたりと自分がしたい行動が自分の意思で行えるようになりました。

　また，他者との「やり―とり」では，最初は，友だちが使っている玩具や道具で自分は遊びたいと思い，友だちが使用している物を叩いたり，物を投げたりして怒りながら無理やり取ろうとする行為が頻繁に見られました。その光景が続くため，A職員はW君の好きな玩具をもち，B職員が「貸して」と発声する。するとA職員が，「いいよ」と言いながら玩具をB職員に貸してあげる，という「やり―とり」場面の見本を示して行動の模倣をさせていきました。その次に，W君を職員が誘い，職員がW君の玩具を取って行こうとしたときに，「かして」という発声をし，W君に「いいよ」と言わせながら貸してあげる場面を意図的に作って，玩具の貸し借りを模倣させる遊びを繰り返すようにしました。3ヵ月程度経った頃には，無理やり友だちから玩具や道具を取り去る行為は減っていきました。しかし，物を借りるときに職員の手を引き，一緒に「かして―いいよ」の「やり―とり」を行う習慣がついてしまいましたので，継続的に実施を繰り返し，経過を見ていく必要性を感じています。

4. 登園拒否から登園へ

　J児童デイサービスと家庭とで，W君に対する情報交換を密にしながら情報の共有を図っています。家庭と支援方法を合わせていくことで，W君はこれまでできていなかった基本的生活習慣を徐々に確立することができるようになり

表2 医療・福祉関係機関のサービス利用状況

曜日	AM：利用機関・在宅サービス	PM：利用機関・在宅サービス
月	母子通園施設	児童デイサービス
火	母子通園施設	児童デイサービス
水	保育所	
木	保育所	
金	保育所	

ました。登園拒否をし，保育所を長期欠席していましたが，約半年で保育所に通うことができるようになりました。現在の医療・福祉関係機関のサービス利用状況は表2のとおりです。

母親は，W君に対する個別支援の方法を観察することで，自閉症の理解が深まっています。子どもの成長と共に母親の育児不安も徐々に減ってきたように思います。

W君が保育所に通園できるようになり，今後は，W君が通園できる環境配慮を行っていく必要がありますので，保育所との連携を密に取る必要性を感じています。また，小学校への入学を見据えて，地域の子どもとの交流を視野に入れながら児童館などの利用や集団場面でのルールの獲得を行っていくこと，コミュニケーションスキルを更に向上できるようにしていくことをめざして支援方針を確立していこうと考えています。

3 まとめ

D君とW君の2つの事例を提示し援助内容の一部を紹介しました。支援を行うためには，対象児の現在の生活状況や身体状況などの情報を客観的にしっかり把握し，分析していくことが重要です。その上で，生活課題を適切に見極め援助目標をしっかり立てることが重要となります。決して，支援者独自の生活経験に標準を定めるのではなく，障害特性や個人因子，環境因子など生活課題を見極めるのに必要な情報をしっかり把握した上で，その子どもの能力や生活課題に応じてできることを増やしていくような取り組みを個別に計画してい

くことが肝心です。どの子どもにおいても，限りない可能性を秘めていますので，豊かな成長発達を促すためにも，家族と関係する医療・福祉・教育機関などとの連携を密に図りながら，保護者と共に対象児の支援のあり方を丁寧に継続して見ていく必要があります。何が，どのように，どのぐらいできるようになったか，関係機関や保護者と連携を密に図りながら，保護者と共に対象児の成長・発達のあり方を丁寧に継続して見ていく必要があります。また，計画通りいかなくてもなぜできないのか，なぜトラブルを起こすのかなどを随時確認しながら，あせらずにその子どものペースに合わせて次のライフステージにつなげていくことが重要でしょう。

(中部学院大学短期大学部)

事例提供者
・元幼稚園教諭　江ノ上愛
・児童デイサービス管理者　早川貴巌

コラム7 自閉症（自閉症スペクトラム）

自閉症の臨床的特徴については一般的に次の3点がいわれます。
① 社会性の障害である。
② コミュニケーションの障害である。
③ こだわりがある。

外部からの情報をうまく取捨選択できず混乱したり，特定の音や光に過敏になったりしています。また，新しい環境にとけこめず不安や怖いといった気持ちをもつこともあります。

こうしたことからこだわりになっていくと指摘されます。

また，集団での活動になかなか入りこめず，孤立した遊びをいつまでもしたり，視線があわなかったりといった人間関係の築きが不得手な場合が往々にしてみられます。

そこで，指導・援助をしていく際には，安心できる環境（人，場）の配慮が必要になってきます。たとえば，一対一の関係をベースにして，視覚を通してみてわかりやすい環境を設定したり，反復性がある遊びや学習の内容を用意したりと，個々の自閉症に対応した取り組みが求められます。

最近では，自閉症スペクトラムと称して，高機能自閉症やアスペルガー症候群といった，知的障害を伴わない自閉症のタイプも広く連続するものとして取り上げるように理解されています。

第3部
育てづらさをもつ保護者へのQ&A

「なわとびとドッチボール」6歳

第 1 章
はじめに
－子育て中の保護者に向けて－

1 節 愛情不足について

　先日，通園先である保育所の先生から「〇〇ちゃんは愛情不足なので，もっと抱っこしてあげてください」と言われ，困惑している保護者と出会いました。この保護者は，「乳児期からなかなか笑顔を見せてくれない」「抱っこをすると嫌がって体をくねらせ抵抗する」などというお子さんの特徴を心配すると同時に，親としてやり場のない寂しさを感じていました。それは，話しかけたりスキンシップをしたりというわが子への働きかけが，「笑顔」という形でフィードバックされないことに対する寂しさでした。保護者として，大きな愛をもって子育てをしてはいるものの，保護者も感情をもつ人間ですから「わが子の笑顔」というフィードバックが得られないのは寂しいものです。この保護者は，このような子育て上の不安と寂しさを，毎日わが子と接しその特徴を知っている保育所の先生ならば理解してくれるものと思っていたのに，突然の保護者非難を受けて精神的な孤立を余儀なくされました。

　前述のような「育てづらさ」を感じながら育児をしている保護者は，日本にとどまらず世界中にたくさんいます。日本と他国とでは文化や社会のルールが異なるため，保護者の困り感の内容は幾分異なりますが，わが子の健やかな成長を願い，自立に向けた発達を促すための最善の支援者として，保護者が試行錯誤の実践を展開している部分については世界で共通しています。したがって保育者は，「保護者が育児上の不安や心配事を抱えるのは，子どもに愛情をもっているからこそである」ということを，大前提とする必要があります。また本書の読者の方々については，本書を手にとってくださっている時点で，「お子さんへの愛情不足」ということはありえないのです。

第1章　はじめに

　ここでいえることは，①日本の保護者の多くが仕事や家事と並行して1～3名ほどのお子さんを育てていること，②核家族化が進んだために祖父母（フォーマルな子育て支援者）との日常的なかかわりが困難であること，③近所のおじさん・おばさんなどという居住地域のインフォーマルな子育て支援者が減少したことなどにより，気軽に子どものことを相談できる相手を見つけることが難しい社会になってきている，という現象です。

　このような社会現象を受けて，第3部では子育ての現状に課題意識をもち，その解決に向かいたいとする気持ちをもつ保護者の質問や困り感を紹介します。そして，それらの一つひとつに向けて，一問一答形式で解決策を一例としてお示ししました。言うまでもなく，お子さんは一人ひとりが異なる人物です。したがって読者のお子さんの特徴にピタリと当てはまるとは限りませんし，同じかかわり方をしたからといって保護者の期待を上回るほどの高い教育的効果が得られるとは限りません。

　たとえ子どもにとって望ましいかかわり方であったとしても，特殊な器具や高価な教材を使用するなどの条件があり，結果として「家庭では実践不可能」となるような提案となってしまえば，まさに絵に描いた餅です。したがって第3部では，家庭でも気軽に実践できるような内容で，かつ不成功であってもお子さんの発達に差し障りのない方策を提案しました。第3部で紹介した解決策の一例には，筆者が自ら実践し高い支援効果が得られた事例はもとより，教諭・保育者・セラピスト（作業療法士・言語聴覚士）・医師から聞き取り調査をして得られた実践事例・臨床例のなかから，子どもに前向きな変化が確認できた事例を選択した上で，家庭で実践可能な方法にアレンジをして掲載しています。

2 節　親子間コミュニケーションにはコツがある

　「子どもとの意思疎通がうまくいかない」「わが子が笑顔を見せてくれない」というのは，保護者の愛情不足ではなく，コミュニケーションの方法が親子間ですれ違っていることを示す現象です。お子さんにとって，保護者はなくては

ならない大切な人ですし，お子さんもこれまでの経過からそのことを知っているはずです。さらにいえるのは，お子さんは保護者とのコミュニケーションを求めているということです。

　コミュニケーション方法を大きく二分すると，①言語表現を用いるバーバル・コミュニケーションと，②非言語表現を用いるノンバーバル・コミュニケーションとがあります。自分の感情や気持ちを言語的に処理し，表現することを得意とするお子さんは，①を大いに活用することでしょう。一方で，感情や心情を言語化するスキルが未だ習得できていないお子さんは，泣いたり叫んだり，手足を激しく動かしたり，自分の腕を噛む，壁や扉を蹴るなどという形で自分の悲しみや不安，怒りなどの感情を表現することがあります。また，黙って身体をよじらせ抵抗したり，保護者がさしのべた手を振りはらったりすることもあります。このように，②のコミュニケーション・スタイルを中心としているお子さんは，他者に笑顔を見せることが少ない，ことば数が少ないなどの特徴から，保護者を不安にさせる場合があります。けれども，それにもかかわらずこれらのお子さんたちは，保護者の笑顔やあたたかい言葉かけを求めているのだということがわかってきました。この知見は，他者とのコミュニケーションに課題をもつとされる自閉症スペクトラム障害者の方々が，自らの子ども時代の経験を語ってくれたことによるものです。

　またお子さんのなかには，スキンシップが大好きな人もいれば，感覚過敏があるためスキンシップを好まない人もいます。このような個々人のコミュニケーション・スタイルの相違点を認識し理解することにより，難しくて「どうかかわればよいものか」と悩んでいた親子コミュニケーションが，少しずつ円滑に進められるようになっていきます。

　コミュニケーションを滑らかに進めるには，コツがあります。とはいえ，対象が他人ならば滑らかに進められることであっても，相手がわが子であるが故に思うように進まない，という難しさもあります。このような保護者の方々に，本章を親子間コミュニケーションのコツをつかむ手だてを考える際の道しるべとしてご活用いただけることを願っています。

第1章　はじめに

「ママとわたし」5歳

第 2 章
基本的生活習慣に関するＱ＆Ａ

Q1　好きなもの以外は，食べようとしません。（8ヵ月）

　　　8ヵ月になります。離乳食を1日1回食べさせていますが，おかゆ以外は食べようとしません。しかも，1回に食べる量はスプーン2杯から3杯程度です。他の食品を口に運んでも，うなったり，のけぞったりして嫌がります。さらに強く食べさせようとすると，泣き出してしまします。その代わりに，母乳を欲しがります。言葉をかけながら，楽しい食事の雰囲気をつくっているつもりなのですが，せっかく作った離乳食を息子が食べてくれないので，がっかりします。

A　質問者は，熱心にお子さんの成長を願い，手を替え品を替え離乳食を進めておられます。精魂込めて作った離乳食を並べているのに，お子さんにそっぽを向かれるのは残念なものですね。このような毎日が続き，質問者は少々お疲れではないでしょうか。

　まずは心配や残念な気持ちをリフレッシュすることを優先し，離乳食づくりをしばし休憩されてはいかがでしょう。本来，離乳食は手作りが望ましいのですが，保護者の心が揺れ動き，子育てを楽しむことができない状況にある場合には，その状況改善を第一にするのが良策です。離乳食づくりにかけていた時間帯を散歩や祖父母の家・子育て支援センターへの訪問に充てるなど，外へ出かけて他の人々（大人）とかかわることによって気分転換を図りましょう。また，幼稚園や保育所の園庭解放時間帯に出かけるのも一策です。その間の離乳食として，ベビーフード等を上手に活用することも選択肢に入れられてはいかがでしょう。また，お粥をまとめて作り，少量ずつ冷凍保存するなどの方法で，毎日の調理時間を短縮する方法もあります。

お子さんにとって，いくら母乳が魅力的なものであったとしても，母乳のみの栄養補給では足りなくなってきます。そろそろ，母乳をやめること（卒乳）を考えていきましょう。お子さんは，お粥が好きということですので，ゆがいてつぶした芋やバナナをお粥に混ぜる方法（芋粥・バナナ粥）も試してみてください。なお，新しい食品を離乳食に取り入れる場合には，1日1種類にして3日間，少量与えるようにすると，アレルギーの有無やアレルゲンの発見につながります。そして新しい食品が3日間，異常なくお子さんの身体を通過した場合には，次の新しい食品へとチャレンジを進めてください。

　離乳期以降の授乳については，栄養補給という位置づけではなく，お子さんの就寝前などに母子の愛着を深めたり，お子さんの情緒を安定させたりする目的で行う先輩保護者もいらっしゃいます。

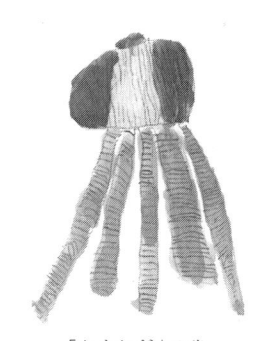

「たまねぎ」6歳

Q2 食事に時間がかかります。(1歳)

1歳7ヵ月の女の子です。食事に時間がかかり，1時間が経過してもほとんど食べていないことがよくあります。子ども用に薄味の料理を別に作るのですが，それには手を出そうとせず，大人が食べている料理を欲しがります。けれども，大人の料理はピリ辛いので結果として娘は食べることができません。1時間が経過したころ，もう食べないのかと確認すると，食べないと答えるので片付けます。すると，後になって「食べたい」と言いだします。1時間の食事時間に加え，片付け後に食べると言いだすのでさらに時間がとられる，ということが1日に3回繰りかえされ，疲れます。

それに，食べこぼしがひどいにもかかわらず，エプロンを嫌がってつけません。毎食後，娘の服は汚れ，食べられない物は床に捨てられているという状況です。

A

質問者は，1名のお子さんのために多忙な時間を割いて愛情料理を作っておられます。大人の立場から客観的に見れば，質問者のお子さんはまことに恵まれた環境にあるということになります。しかしながらお子さんは，家族がおいしそうに食べている，大人用の料理のほうに魅力を感じているようですね。

お子さんの視点から見れば，「食事の時間に，大好きな家族と1つの話題を共有し会話を楽しみながら，家族と同じ料理を食べたい」というところではないでしょうか。お子さんは確かに子どもではありますが，本人にしてみれば一人前の大人だとする感覚をもっているのかもしれません。筆者は，お子さんが「自分はこの家族の一員である。特別な子ども扱いはされたくはない」という認識を無意識にもっておられるのではないかと推察します。しかしながら，1歳7ヵ月の発達段階ではそのことを言語化する能力が未発達であるために「エプロンを断固として嫌がる」「子ども用として作られた料理は食べない」などの行動によって表出しているものと考えられます。

そこで少し視点を変えて、お子さんを子ども扱いするのではなく、家族の一員として他の家族と同等に接することをお子さんに示されてはいかがでしょう。具体的には、他の家族にも協力を求め、「食事の時間には全員がエプロンをつける」「食事の時間は30分間」というファミリールールを設定するのも一策です。幼いお子さんですので、食べ物をこぼすのは仕方のないことかもしれませんが、せめてエプロンを自主的につけてくれることによって、保護者の洗濯の負担は軽減されることでしょう。

　また、食事のスタイルを変更する方法もあります。現在、もし①大皿料理を個々に取り分けるスタイルで食事をされているのであれば、それをしばらく止めて、②最初から個別の器に盛られた料理を食するスタイルへと変更するのも一策です。②では、家族全員の器に同じ料理が同じ品数で盛られます。ただし、体格等によって盛り付ける量は異なります。そして、辛味や刺激の強い香辛料や、塩分の強い調味料等は、食事中に個別に大人だけが使用するものとします。もし、刺激の強い大人用の調味料をお子さんが使いたがり、子どもに不必要なものであることを説明してもなかなか納得してもらえないような場合には、大人用の調味料入れに「怖そうな鬼の顔」など、お子さんが好まないキャラクターのシールを貼り付けるのもよいでしょう。

　このように、お子さんの自尊心と、お子さんがもつ家族への愛着を尊重しつつ、食事の時間がルール性をもった楽しい時間帯であることを少しずつ教えていってあげてください。

第3部　育てづらさをもつ保護者へのQ＆A

Q3 食事中に，食べ物を口に入れたまま席を離れ動き回ります。どのようにしつけをしたらよいのでしょうか？（2歳）

　もうすぐ3歳になる男の子です。食事中に，ひと口食べ物を入れたら席を立って動きまわり，遊びます。そして，口のなかの物を飲み込んだ後にもしばらく「キャッキャッ」と笑いながら楽しそうに遊んで，またテーブルに戻ってひと口食べます。満腹になるまでこれを繰り返します。母親の私は座って食事をするようにしつけたいのですが，父親はそのことには関心を示しません。どうすれば良いのでしょうか。

A　本来ならば，お父さんやほかのご家族と協力して「食事のときは着席をし，『いただきます』と言ってから『ごちそうさま』と言って終了するまでは席を離れない」というファミリールールを設定し実践することが有効な一策となります。しかしながら，本事例の保護者は家族の協力を得ることがかなわず，お母さんひとりでこの問題を抱えておられる様子です。

　日頃お子さんにかかわる機会の少ないお父さんである場合には，「子どもは本来，元気でよく動くもの。そのうち，きちんと座って食べられるようになる」などとお考えになる方もおられます。もちろん，その意見が間違っているとは申しません。ただし，「そのうち」の時期が小学生になったり，中学生以降になったりする可能性はあります。確かに，食事の楽しみ方には個々人のスタイルがあります。とはいえ，食事中に食べ物を口に入れたまま立ち歩いたり遊んだりする習慣は，お子さんの今後の社会生活にプラスになるとは考えづらいものです。それゆえに，できるだけ幼少の時期から，生活習慣の1つとして食事中のマナーを教えていく必要があります。現状では，お父さんの理解と協力が得られない様子ですので，お母さんがお子さんに対して粘り強く指導している姿をお父さんの前でも示し，お父さんを啓発していきましょう。

　お子さんへの指導法として具体的には，「『いただきます』から『ごちそうさま』までの間は，お話はしても良いけれど，席を立たない。席を立っ

たときには，食事は終了」という母子のルールを設定した上で，繰り返しお子さんと確認し合い，共有します。そして実際の食事の場面では，そのルールを徹底します。もし，お子さんが食事中にお母さんの再三の言葉かけを振りきって席を離れたときには，そこでお子さんの食事は終了です。その際に，お子さんが泣いたり怒ったり暴れたりして食事の継続を求めても，その食事を終了します。そのときのお母さんは，あくまでも冷静に，且つ優しくあたたかい声で「このお食事は，おしまいだよ。立ったらおしまい，という約束だからね」などと対応します。

「お母さんは，普段は優しい。けれども，ぼくが約束を守らなかったときには，お母さんはぼくのわがままを通してはくれない」ということを，体験を通してお子さんに覚えてもらうことが有効です。それと同時に，「お母さんは，ぼくが約束を守って行動したときには，認めてほめてくれる」というごほうびも，たくさん与えてあげてください。

「おおぶのきょほう」4歳

第3部　育てづらさをもつ保護者へのQ&A

Q4　食事のとき，好きなものだけを慌てて食べます。ゆっくりとよく噛んで食べるようにさせたいです。（3歳）

3歳の女の子です。肉類が好きで，料理に入っている肉だけを選んで食べます。野菜はどんなに小さく刻んであっても手で取り除きます。さらには，自分の食べたいものだけをさっさと食べて，室内を動きまわります。食事のときには，ゆっくりと座ってよく噛んで食べさせたいと思っています。どのように教えたら良いのでしょうか。

A　3歳のお子さんの多くは，まだ文字を理解することが困難かと思います。そのような場合の一策として，食事の際の約束事を絵で教えていく方法をご紹介します。これは，ある幼稚園教諭が園で実践し成功した事例をもとに，それを発展させた方法です。まず，お子さんに習得させたいスキルやルールを具体的にリストアップした上で，優先順位を決めてください。たとえば，「ひと口30回は噛む」「お肉，野菜，ごはんを交互に食べる」「食事が終了するまでは着席する」等，保護者がリストアップした項目のなかから，最も優先させたいスキルやルールを1つ選択し，絵カードにします。そのカードを，お子さんがテーブルに着いたときに視線に入る位置の壁に貼ります。

毎回の食事の前に，お子さんと一緒に壁に貼られた絵カードを見て，ルールを確認されると良いでしょう。たとえば保護者が「ひと口30回は噛む」ことを最優先課題として挙げた場合には，「食べ物を口に入れたら，一緒に30回噛もうね」と言ってお子さんと同時に食べ物を口に入れ，一緒に30回噛んで親子で同時に嚥下する（飲み下す）という体験の共有を積み重ねます。すると，お子さんも次第に「よく噛んで飲み下す」という流れに慣れていくことができます。

お腹をすかせた育ち盛りのお子さんにとっては，目の前に出された料理を夢中で食するのは当然といえましょう。大人から「あわてて食べないで」と言われても，本人にしてみれば「あわてて食べているつもりはない」

という場合も多々あります。「あわてて食べる」や「ゆっくり食べる」という表現は，個々人の感覚の相違によって幅をもつ曖昧な言葉です。したがってお子さんには，たとえば「食べ物を口に入れたら，30回嚙んで飲み下す」などという具体的な指示をしてあげてください。

「かぶ」6歳

Q5 食事では,特定の食品だけを口にします。栄養のバランスを考えると,心配です。(5歳)

5歳の男の子です。食事では毎日,同じものしか食べません。朝食はおにぎり,昼食は焼きうどん,夕食は○○店のハンバーガーと決まっています。そのほかのものを食べさせようとすると,嫌がって癇癪を起こします。このまま続けていると,栄養のバランスが心配です。また,息子は家族と一緒にとることを嫌がるので,毎食自分の部屋に料理を運んでひとりで食べます。このままでよいのでしょうか。

A

お子さんの好きなもの,よろこんで食するものを提供してあげたいと思う保護者の心情はもっともなことです。それに加えて,毎日食事時になるとお子さんの嫌がるものを提供し癇癪を起こされるというのは,保護者の気持ちが重くなりますので回避したいところですね。とはいえ,一方では現状が長期化すると,お子さんの成長の妨げになるのではないか,健康を害するのではないか,とご心配なのが現在の状況です。

お子さんが,毎日おにぎりと焼きうどんとハンバーガーしか口にしないということは,ほぼ毎日他の家族とは異なるメニューを食しているということになります。まずは,お子さんの食生活を健全化することを目的に,保護者が何を優先的に進めたいのかを整理してみましょう。たとえば,お子さんが①「食事時には,家族と一緒にテーブルにつくこと」でしょうか。あるいは,②「さまざまな食品を摂取すること」でしょうか。それが決まれば,次にファミリールールを設定し,お子さんを含む家族全員で共有します。

仮に,①を優先的に進めるのであれば,「家での食事は,ダイニングルームでとる」というファミリールールを設定し,それ以外の場所での食事はなしとします。たとえお子さんが癇癪を起こしても,ダイニングテーブルにつかなければ,食事をとることはできません。

一方,②を優先的に進めるのであれば,保護者が栄養バランスを考慮して家族全員のために準備した料理を,個々にワンプレートに盛って提供す

るという方法があります。この方法では，レストランで外食をしたときのように，「○○さんのプレートに盛られた料理を食すること」というファミリールールを決めます。言い換えれば，「○○さんの今回の食事は，それ以外にはない」ということです。たとえお子さんが癇癪を起こして自分のプレートをひっくり返した場合にも，ほかに食べるものはないという環境を設定します。さらに，食事をとらないで空腹となった場合にも，「おやつは午前10時／午後3時」というファミリールールを決めることにより，お子さんは設定時刻になるまでおやつを食べることはできません。

　ここでのポイントは，食事の際，家族一人ひとりのプレートには各自が満腹にならない程度の量を盛ることです。「自分のプレートの料理を全部食べ終えたら，好きな料理をおかわりすることができる」というルールを設定することにより，家族の協力も得やすくなります。

　①と②のどちらを優先的に進めるにしても，お子さんの嫌がる表情や癇癪を起こして暴れる姿と接する可能性が高くなり，保護者は心を痛めることが予想されます。ここで紹介した方法を進める上でおさえていただきたいことは，食事に関するお子さんの不適切な行動に対して大きな声で叱ったり，大人の腕力で無理にテーブルの前に着席させたりするのは，マイナスの効果につながるということです。たとえば「楽しい雰囲気のなかで，家族と同じ食事をとる」という「わが家の食習慣づくり」に向かって，冷静なトーンで，且つあたたかい言葉かけを継続することが保護者に求められます。本事例のような食の指導は，子どもを愛する保護者にとってストレスフルであり，その過程では大きなエネルギーが必要となります。したがって保護者はひとりで問題を抱えこむことなく，家族はもとより幼稚園・保育所の先生等にも相談し協力を求めながら，粘り強くお子さんにかかわってください。

第3部　育てづらさをもつ保護者へのQ&A

Q6 トイレで排泄できるようにさせたいです。(4歳)

4歳の男の子です。トイレで排泄することがまだできません。家庭では，時間帯を見計らって1時間ほどオマルに座らせていますが，排尿することができません。オマルに座った後，息子が自分でトレーニングパンツを取りに行ってそれをはいた途端，排尿することもあります。

また排便についても，幼稚園で毎日のように失敗しています。幼稚園ではオムツ着用が禁止されているため，布製のパンツを着用させていますが，毎日パンツを汚してもって帰ります。なんとか，トイレで排泄できるようにさせたいです。

A

この件について，お子さんの排泄の自立で苦労されたある保護者からお聞きした事例を紹介します。3歳の終わりの時期に，「△△君がトイレでできるようになったら，オムツを買わなくて済むね。そしたら，オムツを買うかわりに○○玩具を買ってあげるよ」という保護者の言葉かけを契機に，お子さんのトイレでの排泄が可能になったといいます。幼稚園の先生はこのような約束をすることができませんので，これは家庭ならではの方策といえそうですね。

トイレトレーニングのための下着類については，さまざまな商品があります。具体的には①布製のパンツをはじめとして，②トレーニングパンツ（数枚の布が重なっているパンツに防水シートが付いているもの）や，③パンツに貼り付けるタイプのシート，④ラバーパンツ（布製の下着の上にはかせるビニール製のパンツ）などがあります。いずれにしても，「下着が濡れて気持ちが悪い」という感覚を子どもに感じさせ，トイレでの排泄を促そうとするものです。幼稚園にいる時間帯については，②③④のいずれかを利用することにより，お子さんが園で排泄の失敗をしてもズボンを濡らす心配が少ないため，友だちの前で過度に恥ずかしい思いをせずに済むことが期待できます。

男の子のなかには，起立しての排尿を嫌がる場合もあります。その主な

理由は，上手に排尿できないところにあるようです。起立排尿の際にズボンを汚した経験がトラウマとなり，以降は着座しての排尿しか行わなくなったという事例も複数報告されています。これについては，理由は子どもとは異なる可能性がありますが，大人の男性でも着座排尿を選択する方々がおられます。それらの方々は，日常生活を問題なく送っていらっしゃいますので，お子さんに対しても過度に心配したり，無理に起立排尿を強いたりする必要はないでしょう。

　幼稚園で排泄を失敗した主な理由について，子どもたちにインタビューしたところ，次のような回答がありました。
① 「遊びに夢中になっていて，トイレに行きたいと気づいたときには間にあわなかった」
② 「園の主活動の途中なので，トイレに行ってはいけないと思って我慢した」
③ 「給食の後，トイレに行きたいと思ったが，まだ歯みがきが済んでいないのに行ってはいけないと思い我慢した。結果として，歯みがきの最中でおもらしをしてしまった」
　これらの子どもたちの回答を総合すると，子どもたちが幼稚園で子どもなりに緊張し，がんばっているのだということがわかります。また理由①については，トイレに行きたいという感覚を忘れてしまうほど，子どもが遊びに集中できている（遊びこんでいる）ともいえます。このときの子どもは，排泄以外の分野について，遊びを通して学んでいるといえましょう。下着が濡れて気持ちが悪いという感覚は，そのうちもてるようになるでしょう。その日がくるまでは，お子さんの自尊心を傷つけないような配慮をしながら，排泄の失敗を遣り過ごしていかれることをお勧めします。

第3部　育てづらさをもつ保護者へのQ＆A

Q7　着替えも食事も排泄も，人に頼る息子です。（5歳）

5歳の男の子です。近頃，既に自分でできていたことが，できなくなりました。たとえば着替えのときには，着替えられないと訴えて大泣きします。食事のときには，食べさせてほしいと言って泣きます。また，トイレで排便した後には，おしりをふいてほしいと言います。

息子は以前には自分でできていたのに，家庭では甘えてわざとやらないのだと思います。現に，幼稚園では他のお子さんと同じように，食べたり着替えたりしているそうです。こんなことは初めての経験なので，戸惑っています。ときには息子のこのような態度にストレスがたまり，イライラして強くあたってしまうこともあります。息子に，どのように話して聞かせれば良いのでしょうか。

A

質問者としては，食事も排泄も自立させ，着替えも自分でできるように教えて，せっかく苦労して5歳まで育ててこられたというのに，ここへきて赤ちゃんに逆戻りしたかのような息子さんの姿を見て，困惑されています。しかも，息子さんがわざとできないふりをしているように思えることから，質問者がわが子から軽視されているように感じられたのかもしれません。

大人の視点からは，幼稚園は子どもが「遊ぶ場所」あるいは「友だちと楽しく学ぶ場所」であるという見方が濃厚なのかもしれません。確かに，幼稚園には小学校で出されるような通知票などはありませんし，中学校のような5段階評価もありません。しかしながら，大人であれ子どもであれ，家から戸外へ出た瞬間から，誰もが何らかの社会的評価を甘んじて受けながら生活をしているのではないでしょうか。

たとえば大人（会社員等）であれば，朝のごみの出し方や道を歩くときのマナー，自動車の運転マナー，駐車のマナーなど，職場にたどり着く以前にもさまざまな人々からの社会的評価の視線にさらされています。さらに，職場では上司や同僚，部下，取引先，顧客等からの評価が常につきま

といます。このようにして一日，緊張のなかでがんばった後，帰宅してのんびりと家庭で食事をとり，休息をして英気を養うことにより，次の日からまた活動することが可能となります。

　一方，子どもであっても，家を一歩出れば基本的に大人と同じように，社会的評価にさらされているといえましょう。5歳の息子さんは，幼稚園ではクラスメイトと共に食べたり着替えたり，排泄したりされているようですね。幼稚園では，先生やクラスメイト，年中児・年少児からの視線を浴びながら，5歳児なりに精一杯がんばってお兄ちゃん的役割を演じ，活動していることでしょう。それだからこそ，帰宅後には保護者に甘えることによって心のバランスを保とうとしているのです。

　大人でも子どもでも，家庭内でまで神経を張りつめていたら，心が壊れそうになってしまいます。ですから，ここはお子さんの健やかな発達を願って，息子さんの甘えん坊の演技に合わせてあげてはいかがでしょう。「よしよし」などと言葉をかけながら，少々おおげさに赤ちゃん扱いをしてあげていると，満足することでしょう。そして，一定の時期を過ぎると，次第に恥ずかしくなって自分から甘えん坊をやめていくことが多いようです。

　家庭では，評価をされる心配がありません。厳密にいえば，家族から多少評価をされることはあっても，その結果によってその人の社会的評価が左右されるケースは少ないでしょう。家族とは，基本的に愛をもって家族を相互に支え合うものだからです。したがって息子さんは，質問者を心から信頼し，愛着をもっているからこそ甘えているのだということを，どうか理解してあげてください。

第3部　育てづらさをもつ保護者へのQ&A

Q8　眠りが浅いのか，夜中に何度も目を覚まします。(5歳)

　5歳になって間もない男の子(長男)です。寝つきが悪い上に，夜中に何度も目を覚まします。長男には，生後5ヵ月になる双子の妹弟がいます。夜，子どもたちを寝かしつける際には，泣き出す双子をあやしながら長男を見守る形になります。この状態で精一杯なのですが，長男は私に自分の背中をトントンしてほしいと言います。双子に手がかかるため，正直言って長男にそこまではできないと思ってしまい，「自分で目をつぶって寝なさい」と口頭で伝えています。主人は帰宅時刻が毎日遅いため，夜は母親ひとりで子どもを寝かしつけようと躍起になります。

　なかなか寝つかない長男がやっと寝入ってくれたと思ったら，夜中に何度も目を覚まし，ゴソゴソと動きだします。このような毎日で私は睡眠不足になり，ストレスもたまってきました。近頃は，長男のことをかわいいとは思えなくなってきました。どうしたら，長男がよく眠ってくれるようになるのでしょうか。

A

　質問者は，生後5ヵ月の双子さんを育てているだけでも，1名の子どもを育てるのとは異なる大変さを感じておられます。それにもかかわらず，5歳の息子さんの入眠障害(寝つきが悪い)ならびに中途覚醒(眠りの途中で目を覚ます)により，質問者自身も日常的に適切な睡眠をとることがかなわず，1日の疲れをリセットすることができない状況下にあります。

　質問者の心底には，3名のお子さんへの平等な愛情があることは確実です。そう言いきれる理由は，もし仮に3児への愛情が不足しているのだとすれば，課題解決に向けた最善策を練ろうとなさることはないからです。質問者は，帰宅の遅いご主人の分まで，毎日ひとりで育児に尽力なさっています。そのことに，まずは大きな自信をもっていただきたいと思います。

　息子さんに入眠障害や中途覚醒がみられることについては，いくつかの原因が考えられます。第一は，「寂しい思い」です。弟や妹が生まれた後に，お兄ちゃん(お姉ちゃん)が赤ちゃんがえりをすることは，少なくあ

りません。これらのお子さんと同じように，質問者の5歳の息子さんもまた，双子さんが母親の愛情をひとり占めしているような感覚をもち，少し寂しいと思っているのかもしれないと推察します。質問者の愛情に偏りのないことはいうまでもありませんが，そのことを十分に理解するのは，5歳のお子さんにとってはまだ難しいのでしょう。したがって，1日のなかでわずかな時間でも良いので，「お兄ちゃんとお母さんの2人きりの時間帯」を設定し，双子さんのいない場所で十分に甘えさせてあげましょう。このようにして情緒の安定を取り戻してあげると，息子さんが妹弟の前ではお兄ちゃんらしく振舞うことができるようになったり，滑らかな入眠が実現したりすることが期待できます。

　第二に，「遊びの質」を問う必要があります。息子さんは通園先で，からだを動かして十分に遊ぶことができているでしょうか。「日中にしっかり運動をする人は，運動をしない人と比較して中途覚醒が少ない」との報告があります。「日中の十分な運動」と「睡眠の質」とは，健全な睡眠サイクルをつくる大きな要因となります。通園先での息子さんの遊びの内容について，保育者に尋ねたり相談したりなさってみるのも一策です。

　第三は，「起床時刻」の問題です。息子さんは，毎朝スッキリとした表情で起きてくるでしょうか。仮にそうでないならば，息子さんを，毎晩同じ時刻に就寝させることよりも，毎朝同じ時刻に起床させることを優先しましょう。その具体的な方法としては，毎朝同じ時刻に，寝室に日光を取り入れるとよいでしょう。

　以上のことから，息子さんの健全な睡眠を保障するためには，①不安軽減による情緒の安定と，②日中の十分な運動遊び，③光の調節による起床時刻の設定を，組み合わせて実践してみてください。

第 3 部　育てづらさをもつ保護者へのQ＆A

第 3 章
言葉に関するQ＆A

Q1　キャーッと叫ぶようになりました。（2歳）

2歳の男の子です。言葉はまだ話しません。近頃，キャーッと叫ぶようになりました。母親の私にアスペルガー症候群の特徴があるため，息子にも何か障がいがあるのではないかと心配しています。

私は子どもの頃から周囲になじめず，学校ではからかわれたり，いじめられたりしました。家庭でも，親や姉弟，親戚から「怠け者」とバカにされてきました。社会人になっても職場を転々としましたし，出産後の現在も，他の保護者たちとは友だちになれません。そんな自分が大嫌いですし，自分に似ている息子のことも，かわいいとは思えません。どうしたら息子を受け入れることができるのでしょうか。

A　質問者はご自分の経験から，息子さんにもし何らかの発達課題がある場合には，質問者と同じように人間関係等で辛い思いをするのではないかと心配しておられます。アスペルガー症候群の特徴をおもちの方は，外見からは判断がつきにくいことから，周囲の理解と支援を得ることが難しいといわれます。そんな厳しい環境のなかで，質問者はこれまで力強く生き抜いてこられました。つまり現在の質問者は，ご自身の発達のアンバランスを認識した上で，婚姻，出産という大きなライフ・イベントを経験し，子育て期で奮闘しておられるのです。質問者はひとりの社会人として，また人の親として生活しておられることに，どうか自信をもってください。

「自分のことが嫌い」と感じるのは，質問者が「○○のようになりたい」とする向上心をもっていらっしゃるからです。質問者とは反対に，自分に甘く，常に楽に生きられる方向を探して生きている人は，あらゆる失敗を他者のせいにしながら生きています。質問者は，ご自身の特徴を分析しようと努めてお

られます。それ故に，自分と似たような特徴が見られる息子さんの姿に困惑しています。息子さんが仮に，何らかの発達課題を有している場合でも，質問者ならばその痛みを理解してあげられる力をおもちです。どうか，息子さんにとって最善・最強の支援者となってあげてください。

　言葉の発達に関しては，息子さんの発達が特別に遅れているとはいえないでしょう。息子さんの他にも，3歳や4歳になっても言葉が出なかったが，小学生になって話し始めたという事例が少なくありません。したがって，過度の心配は不要ですが，息子さんに向けた言葉かけについては，途切れることなく継続していただきたいものです。たとえ息子さんにアウトプット（発話）がまだないとしても，息子さんは外界からの音声を常にインプット（入力）しています。たとえば，習い事感覚で地域の言葉の教室等に出かけてみられるのも一策でしょう。そこでは，お子さんへの適切な言葉かけの方法を，具体的に教えてもらうようにしましょう。

　そして，息子さんの発話が開始された後には，質問者が苦労を経験された「他者とのかかわり方」について，アドバイスをしてあげてください。その具体的な言葉かけや行動については，地域の子育て支援センターや保育所等を訪ね，専門職から助言をもらうと良いでしょう。

「せみ」6歳

第3部 育てづらさをもつ保護者へのQ&A

Q2 子どもと話をしても，内容がかみ合いません。（3歳）

3歳の女児です。言葉の数が多く，親にたくさん話しかけてきてくれます。物の名前も，親が教えれば繰り返して言うことができますし，欲しい物を要求することもできます。けれども，危険な行為を止めさせようと注意する目的で親の方から子どもに話しかけた場合には，親の言っている内容が通じない様子で，子どもは親の顔を見ながらキョトンとして聞いています。「わかった？」と尋ねると，子どもは「わかった」と言います。しかし，その数分後には注意をする前と同様の危険な行動を子どもが再開するため，再度注意をする親の口調は厳しくなってしまいます。子どもに伝えるべき大切なことを，どのように説明したらわかってもらえるのでしょうか。

A

保護者としては，①お子さんの言葉の発達に問題はないと思われる。その上，②言葉を教えればお子さんは繰り返し素直に発音もする。③要求もできるし，④わかったかと尋ねれば「わかった」と答える。それにもかかわらず，⑤なぜ保護者の話す注意喚起の内容が子どもに伝わらないのか，と疑問に感じていらっしゃるのですね。

①②については，音声器官に問題はないといえましょう。また③については，たとえば「チョコレートは茶色で甘く，美味しいもの」というように，お子さんが実物を見て，あるいは食して確認した上でインプットされた物の名称は，記憶としてお子さんのなかに残っているものです。この記憶を呼び戻し，「チョコレート，ちょうだい」と言えば，もらうことができるのも学習しています。

一方，「こういう行動は危険だから，してはいけない」ということ，たとえば「家具がたくさん置かれている室内では，テーブルの角で頭をぶつけるなどして危険だから，走り回ってはいけない」ということについては，「テーブルに頭をぶつけて大けがをし，非常に痛い思いをした」という体験をともなっていないことを，事故を回避するための「知識」として理解する必要があります。現時点でこの部分について，お子さんは未発達であ

るということになります（⑤）。

　④については，お子さんは音声器官に問題はありませんので，保護者の「わかった？」の問いかけにオウム返しをして答えたものと推察できます。その理由は，「わかった」と答えることにより，保護者によるお子さんへの行動制限が終了し，お子さんは再び自分の遊び行動に戻ることができるからです。

　お子さんに向けた具体的な言葉かけとしては，もし危険な場所で走りはじめた場合には，「ダメ！」ではなく，「ストップ！」あるいは「待って！」といった表現を使って大きい声で短く明確に伝え，お子さんの危険な行動を止めてあげてください。そしてお子さんの動きが止まってから，落ち着いた口調で短く明確に「ここは，歩こうね」と伝えてあげてください。その後，お子さんと手をつないで，「ここは，歩こうね」と繰り返し一緒に言いながら，しばらくその場所を歩いてあげてください。

　このような指導は１回で終了するものではなく，繰り返し何度も行うことが必要です。また，場所や場面が変わった場合にも同様の指導を粘り強くしてあげてください。すると，次第に「保護者と手をつないで歩いた」という楽しい経験とともに，「ここは，歩こうね」という言葉がお子さんの記憶に残ります。このようにして，実際にお子さんが事故に遭って大けがをする体験をすることなく，危険を回避する行動ができるように促してあげてください。

「こっちのてだよ」４歳

Q3 言葉がまだ出てきません。(3歳)

3歳3ヵ月の男の子です。3歳児健診にて,言葉の遅れを指摘されました。現在は,言葉の教室と親子教室に,それぞれ1ヵ月に一度,通っています。それに加えて,子育てサークルにも2ヵ月に一度,参加することにしました。

息子の口からはまだ言葉が出てきませんが,玩具などを「貸して」という言葉の意味は理解している様子です。でも先日,初めて参加した子育てサークルでは,息子は「貸して」のジェスチャーもまだできない状態で,近くにいる子どもの玩具を,断りもなしに次から次へと奪いとりました。そして,その玩具をもったまま,息子は部屋をぐるぐると走り回っていました。

初めて集団のなかに入った息子のこのような様子を見て,私自身が驚き,ショックを受けました。さらに,子育てサークルの人たちからは,冷ややかな視線を浴びました。来年度から幼稚園への就園を考えているのですが,このような状態で息子が集団生活をやっていけるのか,お友だちができるのか,と不安になってきました。私の子育てのやり方が間違っていたのでしょうか?

A

質問者の文面から,お子さんに多動性があることはわかりました。言葉がまだ出てこないということで,言葉の教室にも通われているのですね。1ヵ月に1回ということですが,次に言葉の教室に行くまでに家庭で実施できるトレーニングの指示は,出されているのでしょうか。

まず,言葉の発達の遅れについて,筆者の知人(Aさん)の弟さん(Bさん)の事例をご紹介します。Bさんは,幼児期から言葉の教室に通っておられましたが,小学1年生の時点でも言葉がまったく出ませんでした。家庭では,姉であるAさんがBさんの言いたいことを察して代弁をしていたそうです。Bさんが小学2年生のときに言葉が出はじめ,以降はどんどん語彙数が増えていったといいます。現在,Bさんは高校生なのですが,姉のAさんいわく,「幼い頃に話せなかった分を取り戻そうとするかのように,弟は今,うるさいと思うほどよく話します」ということです。

Bさんの事例と類似したエピソードはいくつもあります。言葉の発達には個人差があります。「多少の時間はかかるけれど，きっと話せるようになる」とお子さんの発達の可能性を信じて，トレーニングを継続してあげてください。

　次に，多動性についてお話します。質問者は，お子さんの今の状態を見て「幼稚園で集団生活をやっていけるのか」「お友だちができるのか」と心配していらっしゃいます。現在，質問者のお子さんは，自分の感情や気持ちをまだ言語化できない発達段階にいます。もし，おもしろそうな玩具が目に入った場合には，お子さんの視線はその玩具にだけ注がれてしまっているようです。したがって，その玩具を手にしている子ども（Cちゃん）の姿は，物理的に見えてはいるものの，心理的には見えていない状態です。つまり，「Cちゃんが持つ玩具を無断で取った場合には，Cちゃんが悲しむ」ということを，まだ理解するには至っていないことになります。

　お子さんは，まだ集団生活を経験していないため，いつも一緒に過ごしている家族とは違う人々（大人や子ども）が存在し，それぞれが異なる感情をもっていることや，自分の行動によって他者を喜ばせたり怒らせたり，また悲しませたりする作用があることにも，まだ気づくには至りません。お子さんは現在このような発達段階にあって，心のおもむくままに動き回っているという状態です。この状況は，質問者の間違った子育て方法が原因で生じているのではありません。子育ては，これからが本番です。質問者は親として，お子さんのよき代弁者として，また最高の発達支援者として，家族以外の他者とのかかわり方を少しずつ丁寧に教えていってあげてください。

第3部　育てづらさをもつ保護者へのQ&A

Q4　発音が，不明瞭です。（4歳）

4歳の女児です。言葉は話すのですが，発音が不明瞭で聞き取りづらいです。たとえば，「先生」が「テンテイ」になったり，「ライオン」が「ダイオン」になったりします。同じ年中クラスの子どもたちは，正しく発音しているようです。このまま，はっきりと話すことができない状態で小学校へ進むと，娘がいじめにあうのではないかと心配しています。言葉の教室をさがして通ったほうがよいのでしょうか。それとも，自然にまかせたほうがよいのでしょうか。

A

言語音を発音するために，調音器官（舌・唇・歯など）を動かし，声道（声の通り道）の形を変えることによってさまざまな音声（子音・母音）を作り出すことを，言語学では調音といい，医学では構音といいます。調音（構音）の発達には，順序性があるといわれています。たとえば，両唇を破裂させて出す音（パ行）は早期に習得される一方で，歯茎を摩擦させて出す（サ・ス・セ・ソ）などは5歳前後に習得されるといわれます。たとえば，サ行やラ行の音などは，5歳児でもまだ多くの子どもたちが発音習得できていない，という研究報告があります。

調音（構音）の習得過程では，子音の省略（ハ行がア行に母音化）が生じたり，未習得の音を既習得の音に置き換えたり（たとえば，カ行がタ行に，ガ行がダ行に，サ行がタ行に，ザ行がダ行に，ラ行がダ行に置き換え）する誤りがみられます。また，同じ音であっても，単語（音の組み合わせ）によって正しく調音（構音）できたり誤ったりすることがあります。同じ単語のなかでも，正しく調音（構音）できたり誤ったりすることがあります。一部の言語音の発音が不明瞭であるからといって，それがすなわち調音障害・構音障害というわけではありません。調音（構音）の誤りは，トレーニングによって修正できる可能性があります。これについては，筆者の実践事例がありますので，ご紹介します。

成人であるSさんは，ザ行をダ行に置き換える誤りをもっていました。

具体的には,「ありがとうございます」が「ありがとうごだいます」になっていました。そこで筆者は,その言葉を聞くたびに,「ございます,ですね」と修正して言い直しました。このようなことを4～5回程度くり返したところで,Sさんは「ありがとうございます」と正しく発音するようになられました。後日,Sさんの故郷を訪ねた際に,Sさんが生まれ育った地域の方々の多くは,Sさんと同様の調音（構音）の誤りを有していることがわかりました。筆者の実践事例では,生育環境下では調音（構音）の誤りを有している人々のなかにいた人が,成人になった後にトレーニングによって調音（構音）の誤りを修正することが可能であることを証明できました。

　したがって,もしお住まいの地域に言葉の教室があるのならば,気軽に訪ねて行ってアドバイスを得られてはいかがでしょう。そこでは,お子さんに直接トレーニングをしていただけるだけでなく,自宅で実施可能なトレーニング方法を教えてもらうことができると思います。言葉のトレーニングをすることは,年齢・性別にかかわらず何らかのプラスの教育効果が期待できますので,気軽にチャレンジしてみられてはいかがでしょう。

「パトカー」5歳

第3部 育てづらさをもつ保護者へのQ&A

Q5 息子が自分勝手に話をするばかりで，家族との会話が成立しません。（5歳）

5歳の男児です。息子は，言葉を話し始めるのが少し遅めであったように思います。近頃，息子は家でよく親や家族に話しかけます。息子が話す内容については，家族には理解できるものです。けれども，息子の話に対して家族が意見を言ったり，さらに息子の話に関連する質問をしたりすると，息子は話をさらに続けるわけでもなく，質問に答えるわけでもない，また「(質問の意味が) わからない」と言うわけでもなく，唐突にそれまでとは無関係の話題について話し始めます。また，家族が話をしている途中，つまり家族が話し終える前に息子が話し始めるので，2人の声が重なってしまい，会話が成り立ちません。息子との会話を成立させるには，どのようにすれば良いのでしょうか。

A

会話は，複数の人がひとりずつ代わる代わる話をする一方で，その他の人たちが「聞く」という役割を担うことによって成立するものです。そしてさらに次の段階では，人の話を聞いた上で，その内容を個々人のフィルターに通して各自なりの理解をし，抽出した疑問を解くために相手に問いかけたり，さらに詳細な情報を求めたりしながらふくらませていくものです。

それなのに，①「他の人が話をしている最中にお子さんが話し出してしまうのはなぜだろう」，②「お子さんがなぜ自分の言いたいことばかりを話し，人の質問には答えないのだろう」，ということに保護者は疑問をもち，お子さんのコミュニケーションの特質が原因で家族との会話が成り立たないという状況であることに違和感を抱き，家族のコミュニケーション上の課題として挙げていらっしゃいます。

①についていえば，現時点ではお子さんが「会話とは，人と人が交互に話すことにより成立するもの」というルールをまだ理解していない状態であるといえましょう。もし，お子さんが「お話は，かわりばんこにするのだよ」という保護者からの口頭説明を理解し実行に移すことが可能なよう

第3章　言葉に関するQ&A

でしたら，その方法で十分でしょう。

　一方，まだそのような口頭説明が可能な発達段階にないお子さんに向けては「まねっこ遊び」などを通じて他者とのやりとりのリズムをトレーニングしてあげてください。「まねっこ遊び」とは，「かわりばんこ」の感覚を身につけることを主な目的とした遊びです。具体的には，保護者が4拍子のリズムに合わせて「パンパンパン，ハイ」と言いながら3回手をたたき，その後お子さんに同じことを真似してもらいます。この遊びでは，保護者とお子さんが同時に手拍子をすることはありません。「必ず交互に手拍子を行う」というルールを守ることが重要です。なお，保護者がモデルとして提示するリズムのパターンにはきまりがありませんので，お子さんの発達段階に即して遊び心をもって自由にバリエーションを考えていただくことにより，お子さんを飽きさせない工夫を加えることが可能です。就学前のお子さんにはこのような遊びを通して，「かわりばんこ」の感覚をみがき，他者との会話を成立させる上で間合いを見計らうトレーニングにつなげてあげてください。

　②については，現時点でお子さんが話している内容は，自分の要求をはじめとするいわゆる「自分の話したいこと」に限定されています。発話を可能とする人が言語コミュニケーション・スキルをみがいていく場合，その第1段階に「要求」があります。つづいて第2段階になると，自分の要求がかなえられたことに対する「感謝」の表現ができるようになります。そして，第3段階に達すると，「謝罪」が自然に行えるようになります。これら3つの発達段階でいえば，質問者のお子さんは現在，第1段階にあるといえるでしょう。とはいえ，「感謝」・「謝罪」については，大人のなかでもなかなか言えない人がたくさんいます。したがって，保護者はお子さんの成長を慌てることなく見守りつつ，これらの言葉をたくさん聞かせ，お子さんの心にしみ込ませるようにしてあげてください。

Q6 毎日，人を傷つけるようなことばかり言います（5歳）

5歳になる女の子（長女）です。下には4歳の妹と，1歳の弟がいます。

家庭では，母親の発言にことごとく反発し，さらにひどい言葉を付け加えて投げます。たとえば「何よ！　この散らかった部屋。ママ，ちょっとはきれいにしてよ」という具合です。また妹弟に対しては，「さっさと○○しなさい」「ほんとにダメな子なんだから」などという口調です。一方幼稚園でも，先生のお話によると，長女は友だちに対しても上から目線で同様の強い言葉を使っているそうです。

長女の口から出てくる言葉は，人の陰口や，直接相手をののしる言葉など，人を傷つけるものが大部分です。先日，長女から「ママは，どこか別のところで暮らしてよ」と言われたときには，唖然としました。そんな言葉を，一体どこで覚えてくるのでしょう。母親としては，このままの状態が続くと，長女には友だちもできないのではないかと心配です。一方家庭でも，次女が長女の口調を真似るようになってきました。このようなとげとげしい家庭の雰囲気に，母親の私も疲れてきました。

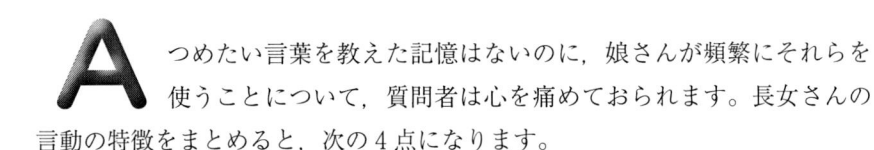

A つめたい言葉を教えた記憶はないのに，娘さんが頻繁にそれらを使うことについて，質問者は心を痛めておられます。長女さんの言動の特徴をまとめると，次の4点になります。

①人間には誰しも，キラリと光るよいところがあるというのに，長女さんはそれをみつけて認めようとはしない。そのかわりに，②他人の欠点や過失をことさらにさがし出し，悪口をいう。また，③自分たちが散らかした部屋の不快さを，母親のせいにする。④力の弱い妹弟に対しては，強い言葉でおさえつけようとする。

子どもは，家族から教わった言葉にとどまらず，メディアを通じて，あるいは通園先などで新しい言葉を聞いて覚え，それらを繰り返し使うことによって語彙を増やしていきます。幼児期には，まるで乾いたスポンジに

第 3 章　言葉に関するＱ＆Ａ

水がしみ込んでいくように，お子さんのなかに新しい言葉がどんどんインプットされていきます。このインプットの段階で大切なことは，❶肯定的な言葉（あたたかい言葉）と，❷否定的な言葉（つめたい言葉）とのバランスです。筆者は，❶：❷＝9：1のバランスを提唱します。❷の言葉は，たとえば「やめてください」「必要ありません」など，明確に断る必要に迫られた場合に備えて，定着させておく必要があります。これらの言葉をもっている人は，いじめの被害者になりにくいといわれます。一方で，相手を罵る言葉は，自分や他者が前向きに進むための役には立たない，不必要なものです。

　長女さんの周囲には，❶❷の言葉が無数に飛び交っています。それらのなかから長女さんが選択し，キャッチし，日常的に繰り返し使用するなかで現在までに定着している言葉は，❷のグループに属するものが多くなっている，という状態です。❶の言葉がたくさん使えるようになると，長女さんの周囲には友だちが集まってくることでしょう。それでは，長女さんが❶グループの言葉を多くキャッチし，それを定着させるには，どうすればよいのでしょうか。

　長女さんは，言葉のインプットとアウトプットが問題なくできるお子さんですので，❶の言葉をたくさんキャッチできるよう，シャワーのごとく日々浴びせてあげてください。自分の長所や，がんばった行為を認めてもらう言葉を浴び，その心地よさを満喫したら，それを大好きな人に使ってみたくなることでしょう。

　一方で，長女さんが❷の言葉を用いたときには，❶の言葉に言い直してあげてください。たとえば，「ママは，どこか別のところで暮らしてよ」と言われたときには，「ママ，私をしばらくひとりにしてちょうだい，って言うといいよ」と教えてあげましょう。また，「○○（長女）ちゃんはたくさん言葉を話せる人だから，妹弟にもステキな言葉を教えてあげてね。そうしたら，お姉ちゃんが大好きになるよ」などと，2人きりのときに話してあげてください。

第4章
運動に関するQ&A

Q1 名前を呼んでもこちらを向きません。（4ヵ月）

月齢4ヵ月になる女の子です。一般的には月齢3ヵ月くらいになると，母親の姿を目で追うようになるものと聞きましたが，娘はまだそれをしません。また，名前を呼んでもこちらを向いてはくれません。笑顔を見せることもまだほとんどなく，いつも厳しい表情をしています。話しかけても反応がうすいので，次第に言葉をかけることにも張り合いがなくなってきました。この先，いつまでこのような状態がつづくのかと思うと，心配になります。どうすればよいのでしょうか。

A

「乳児は月齢3ヵ月頃になると，ゆっくりと動く対象を目で追うことができる」「あやされると笑顔になったり，嬉しそうな声を出したりする」という典型的な発達の目安があります。このようなお子さんからの肯定的なフィードバックが多くなってくると，保護者はそれまでの育児の苦労が報われる気持ちになり，さらに前向きなかかわりへと向かいたくなるものです。

しかしながら質問者の場合は，大きな愛情もって保護者が言葉かけをしているにもかかわらず，お子さんの反応はうすく，厳しい表情がなかなかゆるみません。そのことによって，保護者は一方通行のコミュニケーションを強いられているような心境になり，寂しさとむなしさが入り混じったような感情とともに，出口の見えない不安に追い討ちをかけられている状況にあります。

この件に関して第一にお伝えしたいことは，育児書等に掲載されている「典型的な発達の目安」とは，たとえば「月齢3ヵ月でできるようになるとされることが，月齢4ヵ月になってもできないのは問題」ということを保護者に知らせて不安を煽ることを目的とする情報ではないということ

です。それは，文字通りあくまでも発達の目安であり，保護者に子どもの「発達の道筋」を大まかに理解してもらうことを目的とした情報です。

　発達のスピードは個人により異なるものの，人間の発達にはきまった道筋（順番）があり，誰もが同じような発達の階段を一段ずつのぼっていくものとされます。たとえば，歩行ができる発達段階に達していない子どもが，歩行を飛びこえていきなり走りだすことはありません。育児書等にはこのように，運動機能の発達，言葉の発達，心の発達など，各分野の発達段階における典型的な道筋が示されているというわけです。

　日本では，保育等を職業とする人以外は，一生のなかで１名ないし２～３名程度のお子さんを育てる方が多いため，「発達には個人差が非常に大きい」ということを実感としてご存知ない保護者が多いのは当然のことといえます。したがって，典型的な発達の目安はむしろ「月齢10ヵ月でできるようになるとされることを，5ヵ月のわが子に求めてはいないだろうか」という視点でチェックするためにも大いにご活用ください。

　お子さんからの肯定的なフィードバックがまだ少ない段階にあるという質問者に向けては，保護者のモチベーションが下降気味になっていることが十分理解できます。したがって，まずは上手にストレスを発散していただくことをお勧めします。たとえば，①地域のファミリーサポート制度を利用して，１日のなかで１～２時間，お子さんと距離をおく時間帯をもつ，②地域の子育て支援センターに出かけて，スタッフと一緒にお子さんとかかわる，といった方法もあります。子育て支援センターのスタッフは，たとえお子さんがどんなに険しい表情をしていたとしても，そのときの状況に応じて適切にお子さんにかかわってくれるものと期待できます。

　また，名前を呼んでもお子さんが保護者の方を見ないことから，「聴覚に異常がないか」とのご心配があるならば，聴力検査を受けるのも１つの方法です。その場合は，難聴外来があり月齢に対応した聴覚検査を行う耳鼻科を訪ねてください。このようにして，保護者は一つひとつの不安要因を取り除きつつ，心のガス抜きをしながら，笑顔とあたたかい言葉かけのシャワーを毎日，お子さんに浴びせてあげてください。

Q2 食事の配膳時にすすんでお手伝いをしますが，よく料理をこぼします。(4歳)

4歳の女の子です。親が食事の準備をしていると，娘が家族の料理をテーブルに運ぶお手伝いをすすんでしてくれます。けれども，なかなか器を上手に運ぶことができず，テーブルにたどり着くまでに料理を落としてしまうことが頻繁にあります。「料理を落とす」という失敗をしたときの娘の残念そうな表情を見ると，注意するのがためらわれます。親としては，「お手伝いをしたい」という娘の気持ちを大切にしてあげる一方で，食べ物を大切にする心も育てたいところです。どのように教えていけば良いのでしょうか。

A

お子さんは，おそらくこれまでに「お手伝いをすることによって家族に喜んでもらえる」という経験を，繰り返し蓄積してこられたものと推察します。「自分の行動が他者の役に立った」という事実を認知し，そこから湧き出してくる喜び（自己効力感）を既に知っていることは，お子さんが今後生きていく上で非常に大きな力の源となるでしょう。

「お手伝いをしたい」というお子さんの意欲をそがないようにしたいと考える一方で，あまりにも頻繁にお子さんが料理をこぼすことによって「食品を無駄にしたくはない」とする保護者の心情は十分理解できます。

この事例は，お子さんの運動機能の発達と関係があります。配膳時には，まず①器に盛り付けられた料理をこぼさないように運び，②テーブルの上に器を置く，という2つの作業が必要となります。①と②は，異なる運動です。②は上肢のみの運動である一方，①は上肢・下肢の両方を使う運動です。①では，お子さんは両手で器を持ち，「器を落とさないように」「料理をこぼさないように」「テーブルの角に器をぶつけないように」と注意をするのみならず，テーブルまで歩く間につまずかないようにと足元にも注意を払う必要があります。4歳のお子さんにとって，一連の作業が終了するまでのその数秒間は，大人が想像する以上に緊張しているものです。質問者は，そうしたお子さんの緊張感を，一生懸命な表情から既に読みとっ

ていらっしゃることでしょう。

　お子さんの失敗を最小限に抑えることを優先するのであれば、第一に「お子さんに②の作業を完璧にこなしてもらう」のがよいでしょう。具体的には、まず保護者が家族の器をお盆にのせてテーブルの上に置きます。つまり、①の作業は保護者が担当します。つづいてお子さんに、各自の席の前に料理の入った器を配膳してもらいます（②の作業）。その際には、「テーブルと器とが強くぶつからないように、音がしないように、そっと置いてね」などと具体的な注意を促す言葉かけをしてください。そして、②の作業ができたときには大いに褒めてあげましょう。もし、お子さんが①の作業を強く希望した場合には、テーブルワゴンに器のせて運んでもらうのも一策です。この方法であれば、テーブルまでの道中でお子さんが器を落とす心配がなくなります。

　お子さんが何度も失敗を重ねてしまうということは、①の作業をこなすには、もう少し時間が必要であると考えられます。お子さんがお手伝いを希望する大きな目的は、家族に喜んでもらうことでしょう。また保護者がお手伝いを通じてお子さんにはぐくみたいのは、家族間の絆や、お子さんの自己効力感ではないでしょうか。双方にとって最大の利益を追求するためには、お子さんが「現在できること（②）」を踏まえた上で、「少し練習すればできるようになること（①）」を次の課題として示してあげるようにしましょう。

「ちゃぷちゃぷ　あめ　いっぱい」5歳

Q3 折り紙など，細かい作業が苦手です。(5歳)

5歳の男の子です。幼稚園の先生から，「○○君は，折り紙ができないので家庭で練習させてください」との連絡を何度も受けています。連絡帳や電話による先生の話を総合すると，息子が折り紙を折るスピードは他のお子さんと比べて遅いようです。さらに，クラスの友だちが折り紙から次の活動に移った場合には，息子は未完成の折り紙をかばんにしまうそうです。これらのことから息子は，幼稚園にて折り紙の件でよく注意を受けるのか，家庭で折り紙の話題を出すと泣き出します。

確かに息子は，手先が少々不器用なのかもしれませんが，親としては「折り紙が苦手でも社会人として生きていけるのではないか」と楽観的に考えていました。けれども，近頃は幼稚園での折り紙が息子のストレスになっているようで，家庭では泣き出したり，抱きついてきたりします。

A

質問者のお子さんが幼稚園にて，苦手とする折り紙に一生懸命取り組んでいる姿が目に浮かびます。質問者は，園でのお子さんの様子を想像するたびに，心を痛めておられるのではないでしょうか。

幼稚園では，「折り紙科目」を学習することを教育の目的とはしません。折り紙遊びを導入する目的としては第一に，日本の伝統的な遊びの1つである「折り紙遊び」を通して，1枚の紙から植物や動物などさまざまな作品ができあがる「不思議さ」や「おもしろさ」を，個々の子どもが友だちと共有するところにありましょう。第二には，「折り紙遊び」という楽しい体験活動を通じて，手先の巧緻性（細やかな動きに必要な器用さ）をのばすというねらいもあります。つまり，「クラス全員が折り紙作品を制限時間内に完璧に仕上げること」が教育の目的ではないのです。

「折り紙が苦手でも社会人として生きていけるのではないか」という質問者のご意見は，もっともなことです。前述した「手先の巧緻性」には，当然ながら発達段階に個人差があります。また，「好きこそ物の上手なれ」ということわざが示唆するように，折り紙遊びに興味をもった子どもは，

第4章　運動に関するQ＆A

自由遊びの時間帯などにも折り紙遊びを自主的に進めるため，どんどん上達します。しかしながら，そのような子どもはクラスのなかの数名でしょう。一方，その他の子どもたちは，他の遊びに興味をもって遊んでいるはずです。質問者のお子さんも，折り紙以外の遊びに興味をもち，遊ぶなかからさまざまなことを学んでおられることでしょう。

　自分の未完成の折り紙作品をかばんにしまい，友だちと一緒に次の活動に移行するというお子さんの行動は，5歳のプライドをもつ子どもとして不自然とはいえません。むしろ，苦手意識をもつ折り紙活動に対しても，お子さんは途中で離席したり室外へ逃げ出したり，友だちの活動の妨害をしたりすることなく果敢に課題にチャレンジし，自分なりに作品づくりを進めています。筆者ならばこのようなお子さんの姿勢を認識し，プラスの評価をします。そうした努力の上で，時間切れになったため，お子さんはそっと自分の折り紙をかばんにしまって，その後のクラス活動の流れに乗ろうとしたのです。

　このようなお子さんの行動は，生きる力の発達の1つの表れではないでしょうか。すべての分野を完璧に制覇する人などいないわけですから，苦手な分野については，人に迷惑をかけない程度になんとか遣り過ごすという能力も必要でしょう。質問者の息子さんは，苦手な活動から逃げることなく頑張っています。そのことを，幼稚園の先生に伝えてみてください。そして，息子さんの得意な分野で力が発揮できるよう，得意な活動も併せて伝えましょう。ここで，幼稚園教育要領の一部を紹介します。これをよく理解した上でお子さんにかかわっていただけるよう，園長，主任，担任教諭とじっくりお話をされてみてはいかがでしょう。お子さんの一番の支援者は，保護者です。

> 　幼児の主体的な活動を促すためには，教師が多様なかかわりをもつことが重要であることを踏まえ，教師は，理解者，共同作業者など様々な役割を果たし，幼児の発達に必要な豊かな体験が得られるよう，活動の場面に応じて，適切な指導を行うようにすること。

(幼稚園教育要領　第3章　第1-1（7））

第5章
遊びに関するQ＆A

Q1 周囲の人々を叩いてまわるので，児童館に行きづらいです。（2歳）

　2歳7ヵ月の活発な男の子です。常に「キャーッ」と言いながらくるくると走り回っています。走り回る途中ですれ違う人々を，押したり体当たりをしたり，手にもっている物で叩いたりします。そんなときも，息子は笑顔で嬉しそうです。それに対して私は，言ってきかせたり，大きな声で叱ったり，少し叩いてみたりしていますが，効果がありません。どうしたら良いのかわからなくなり，ときには情けなくなることもあります。

　「叩いたらダメ！」「いいかげんにしなさい！」と，いつも叱ってばかりなのですが，そんな自分に落ち込んでしまいます。息子に押されたり叩かれたりしたお子さんの保護者からは，冷たい視線を浴びました。児童館では，他のお子さんに危害を加えないようにと，息子の後ろを追いかけて私も走っています。このような状態ですので，近頃は児童館にも行きづらくなってきました。

A 質問者は，毎日とてもがんばっておられます。お子さんには全く悪気はなく，ただ心のおもむくままに走りまわり，楽しく遊んでいる訳です。しかしながら，結果として周囲の人々を押したり叩いたりしているのですから，親御さんとしては黙って見ているわけにもいかず，謝ってばかりの毎日ということになってしまいます。この状況は，非常につらいものです。質問者のお子さんのように，覚醒時つねに走り回っている方は，「ゆっくり歩きなさい」「じっとしていなさい」と言われると，苦痛に感じるようです。何故なら，お子さんは動いていることによって集中でき，動いている状態を快適と感じているからです。

　このように多動性のある方は，幼少期には激しく動き回ることがあって

も，年齢が上がるにつれて多動性がおさまってくるという事例が多く報告されています。具体的には，小学校低学年から中学年までぐらいには，着座して行う学習活動等にも支障なく参加できるようになる方が多数おられます。したがって，お子さんの多動性が一段落するまでの時期には，多動とうまく付き合っていくことが求められます。

　児童館は，お子さんにとって非常によい外出先ではあります。しかしながら，現在の質問者がおかれている状況を鑑みますと，児童館への外出は体力的にも精神的にも負担が大きいのかもしれません。お子さんの方は楽しい時間帯を過ごしているわけですが，そこは質問者の負担と照らして考慮する必要があります。何しろ保護者が疲労困憊で健康を害した場合に，最も困るのはお子さんですから。児童館へは，お子さんの（無意識の行動の結果としての）攻撃性がおさまった頃に，また出かけられてはいかがでしょう。

　児童館の代わりに出かける先としては，自然と触れ合うことのできる公園等が望ましいといえましょう。質問者の居住地域では，里山や森など，自然と触れ合える場所は身近にあるでしょうか。里山や森では，木の幹の感触を知ったり，風ですれあう葉っぱの音を聞いたり，土のなかから出てくる虫と出会ったり，土の匂いを感じたり，という具合にさまざまな感覚を刺激してくれる遊びがたくさんあります。里山や森ではお子さんだけでなく，質問者も一緒に遊んだりリフレッシュしたりできることでしょう。

　また，近々幼稚園・保育所等への就園を考えていらっしゃるようでしたら，自然のなかでの遊びを多く取り入れている就園先を選択されるのもよいでしょう。お子さんにしてみれば，毎日行動を抑制されるのは苦しいものです。お子さんの遊び方の特徴を踏まえて，お子さんの行動が肯定的に受け入れられる就園先を選択してあげてください。

第3部　育てづらさをもつ保護者へのQ＆A

Q2　頻繁に友だちに押されたり，叩かれたりします。（2歳）

　2歳児です。保育所で，毎日のように友だちから押されたり叩かれたりするらしく，傷をつくって帰ってきます。保育所の先生は，「またお友だちに引っかかれてしまいました。ごめんなさい」などとあやまってくださるのですが，けがをさせられる回数が少なくなることはありません。

　また私が，子どもを近所の公園に連れて行って遊ばせているときにも，わが子が他の子どもに押されて倒されたり，叩かれたりすることがあります。わが子は，ただ泣くばかりで何ら抵抗をすることはありません。叩いた子どもの親御さんは，自分の子どもがよその子どもを泣かせている状況を見ても，「だめよー」と軽くいう程度です。私は耐えかねて，「叩いたり押したりしたら痛いから，やめてね」と相手の子どもにいいますが，その子どもの親が強く注意をしないので，私もあまり強くは言いづらい状況です。

A

　質問者は，「子ども同士のことなのに，大人が介入するのはいかがなものか」「その子の親が注意をしないのに，自分がよその子どもを注意してよいものか」と遠慮しておられるようです。とはいうものの，お子さんが毎日のように傷をつくって帰宅されるようでは，保護者として心が大きく揺れ動くのは当然ともいえましょう。

　質問者のお子さんはまだ2歳ということもあり，言葉で「やめて」などということができない発達段階におられることと思います。保育所という集団保育の場にお子さんを預けた以上は，保護者としてもある程度の子ども同士のトラブルは覚悟する必要があるのかもしれませんが，小さいとはいえほぼ毎日のけがとなると，不安にもなりましょう。

　まずは，保育所へお迎えに行かれた際などに，保育士や主任保育士などに相談されてみてはいかがでしょう。親として，「日常的に友だちから泣かされてばかりのわが子に，もう少し安心して遊べる場を設定してほしい」とする趣旨の申し入れをしてみられるのも一策です。それはすなわち，保護者が保育士さんたちに配慮をうながすことを意味します。

たくさんの子どもが集う保育所では，多動な子どもや乱暴な子どもへの対応を優先するあまりに，おとなしいお子さんは「手のかからない子ども」として看過されてしまうことがあります。この状況を見て，保育士さんたちが手抜きをしているのだとして片付けてしまえば，本課題の改善への期待が薄いものとなりかねません。お子さんの利益を優先させるならば，わが子の園生活でのつらさを心配している保護者の存在をアピールし，保育者を啓発していかれることをお勧めします。

　お子さんにとって，困ったときの最強・最善の支援者は保護者です。したがって，質問者は，お子さんには「やめて」「叩かないで」などと自分で言うことができるよう，教えてあげてください。

　また一方で，お子さんが公園などで叩かれて泣かされるようなことがあった場合には，お子さんを守ってあげてください。その具体的な方法として，叩いたお子さんに，明確に「叩かないで」と注意をされてもよいのではないでしょうか。そして次に，そのお子さんに「触るときはやさしく，ゆっくり」と教えてあげてください。何故なら，相手のお子さんは，力加減をコントロールする能力が未発達なのです。ですから，もしかしたら質問者のお子さんと，一緒に遊びたいと思って近づいたのかもしれません。

　「○○しないで」と行動を抑制するのみでは，その後どのように行動すればよいかがわからない子どももいます。したがって，具体的に次の行動を指示してあげることにより，叩いた子どもの行動改善が期待できます。「だめよー」とだけ言葉をかける保護者は，ご自身のお子さんの行動の問題に気づいておられないようです。したがって質問者は，今回ご紹介した方法を実践することにより，お子さんが泣かされなくなることに加え，叩く子どもが行動を改善し，地域のお友だちを増やすことになる可能性もあります。

Q3 遊びの輪に入ることができません。(4歳)

4歳の,内弁慶の男の子です。家庭では兄とけんかをしながらも,けっこう仲良く遊んでいますが,幼稚園や公園などでは,他の子どもたちが遊んでいる輪のなかに入っていくことができません。息子は,輪に入れてもらいたいと思っている様子ですが,「入れて」が言えません。その代わりに,遊んでいる子どもたちにちょっかいを出したり,他の子どもが遊んでいる道具を無断で触りに行ったりすることから,トラブルになります。

「入れて」と言ってから輪に入れてもらうことを,何度教えても言えない息子を,近頃は強く叱っています。このような状況ですので,幼稚園でも友だちができません。今後息子に,どのように教えたらよいのでしょうか。

A

息子さんは,お兄ちゃんとなら一緒に遊ぶことができます。でも,他のお子さんたちの遊びの輪のなかには入っていくことができないという状況です。とはいえ,質問者の文面からは,他の子どもたちに興味がないわけではなく,ひとり遊びを好むわけでもないようです。それでは,息子さんの姿を,どのように捉えていけば良いのでしょうか。

他のお子さんと一緒に遊びたいというしぐさが見られるにもかかわらず,「入れて」を言うことがどうしてもできないというのには,何らかの理由があるのかもしれません。子どもたちの遊びのルールのなかには,「入れて」と言われれば基本的に「いいよ」と答える,というものがあります。幼稚園や保育所等の保育者も,園ではこれらの「決まり文句」を教えています。

言葉を話すことができる息子さんにとって,「入れて」と発音すること自体は簡単なことです。けれどもその一言が言えないために,息子さんは困っておられます。したがって,息子さんが「入れて」と言うことを躊躇する理由を,考えてみる必要があるでしょう。

遊ぶ相手がお兄ちゃんであれば,「入れて」などという必要はなく,自然に遊びに入っていくことができます。けれども他の子どもたちに対して

は，そうはいきません。「入れて」と言ったからといって，必ず「いいよ」の返答が帰ってくるという保障はありません。幼稚園でも，先生の視線や注意から外れたような場面においては，子ども特有の理不尽な断り方をされることもあります。

　質問者は，息子さんの姿を見て「内弁慶」という表現をされました。このことから，息子さんは以前に「入れて」と言ったにもかかわらず，子どもたちの遊びの輪に入れてもらえなかった経験があるのではないか，と考えられます。またそのような場面でショックを受け，次の言葉を失ったとも考えられます。息子さんには，何らかの理由で他の子どもたちから申し入れを断られた場合に，その場をあきらめて他の遊びの輪を探したり，他のおもしろそうな遊びを発見したりする力も，身につけていってほしいものです。したがって，仮に相手から断られた場合には，「また遊ぼうね」と言って他の場を探すことや，入れてもらえなくて困ったときには先生に助けてもらうことを伝えてあげてください。また，息子さんが過去の負の経験から「入れて」という言葉に対して嫌悪する場合には，「一緒に遊ぼう」などの代替表現を教えてあげるのも一策です。

　一方幼稚園の先生には，息子さんの行動・言動の特徴や，「一緒に遊びたいのに遊べない」とする本人の困り感について，伝えておかれるとよいでしょう。保育者は，子どもの遊びを通した人間関係形成を支援するのが仕事の1つです。保育者に息子さんの困り感を理解してもらい，支援につなげていきましょう。

Q4 姉弟で番組争いをし、パニックになります。(5歳)

5歳の男の子です。テレビの番組をめぐって1歳上の姉とけんかをし、たびたびパニックを起こします。一旦パニックになると、息子が暴言を吐いて姉を怒らせるため、姉弟で激しい口論となります。わが家にはテレビが1台しかないので、普段は姉である娘の観たい番組を録画することでやり過ごしていますが、いつも自分ばかりが我慢をし、弟にオンタイムの番組をゆずっていることに娘は不満を感じているようです。息子は、自分を優先してくれた姉に対して感謝の気持ちを表すことが、まだできません。そのため、ときどき娘の感情が爆発します。娘の方も、正義感は強いのですが決しておとなしいとはいえない性格であるため、息子がパニックを起こすと連動的に娘も興奮し、家のなかが騒然となります。なにか良い解決法はあるのでしょうか。

A

男の子と女の子では、好きな番組が異なる場合がよくありますね。しかも年齢差が1歳となると、力関係もほとんど同等なのではないかと推察します。番組争いの場面では、正義感の強い長女さんと、絶対に譲れない長男さんは激しく衝突するようですが、普段の様子はいかがでしょうか。もし、普段には姉弟で仲良く遊んだり、食事をしたり、おやつを分け合ったりする姿が見られるのであれば、それほど心配なさることはないでしょう。テレビの番組争いは成長につれてなくなり、本人たちにとっては子ども時代の思い出となることでしょう。言い換えれば、時間が解決してくれる場合が多いものと考えてよいでしょう。

そうはいうものの、日常的にテレビの番組争いで家庭内が騒然とするようでは、家族の雰囲気も、気持ちも重くなります。そこで、この件に関する成功実践事例をもとに、対応策の一例をご紹介します。

姉弟の観たい番組の時間帯が重複した場合には、長女さんに次のように働きかけてみられてはいかがでしょう。「お姉ちゃんの観たい番組を録画しておいて、後でお母さんと一緒に、お菓子を食べながら観よう」と言葉

を掛けてあげます。弟にテレビの優先権を譲ってあげた優しいお姉さんには,「後でお母さんをひとり占めできるだけでなく,一緒にお菓子も楽しむことができる」というご褒美を設定します。この場合の「後で」というのは,長女さんが当日でなければ我慢できないという場合は当日に設定し,休日(土日など)まで待つことができるのであれば休日にしてもよいでしょう。その場合には,お父さんに長男さんをお任せして,長女さんと2人っきりでビデオ鑑賞会を開くこともできます。

　長女さんは,自分の好きな番組をお母さんと一緒に観て,その感想を共有できることを,きっと喜んでくれることでしょう。その心地よさを知った長女さんには,情緒のさらなる安定が期待できます。それとともに,次第に弟の前では,お姉さんらしい対応をするようになるかもしれません。「お姉さんだから,弟に譲るのが当たり前」とされ,保護者から認めてもらえないのは残念なものです。6歳の女の子が精一杯がんばって我慢をし,弟に譲ることができたことを,少しオーバーアクションぎみに褒めてあげましょう。

　一方,長男さんに向けては,お姉さんから譲ってもらったときに,感謝の言葉が素直に言えるよう,教えていってあげてください。それに加えて,たとえどんなに腹が立ったときにも,言ってはいけない言葉があることも,長男さんが落ち着いたときに,繰り返し教えていきましょう。

「ぼくのおはな」4歳

Q5 ひとり言を言いながら，フィギュアで夢中になって遊びます。（5歳）

5歳の男の子です。家庭では，アニメ・ヒーローのフィギュアをもって遊びます。その際には「ブォンブォン」「バシッ！」などとひとり言を言いながら夢中になり，親が話しかけても気づきません。出先などでフィギュアがない場合には，自分の両手をフィギュアに見立てて，家庭と同じように周囲の人に聞こえる程の声で，ひとり言を言いながら遊びます。

幼稚園でも同じような状況のようで，園の先生からは「〇〇君は，自分の世界をもっていますね」と言われました。幼稚園では，他のお子さんに迷惑をかけることはないようですが，ひとりで遊ぶことが多いそうです。このようなひとり言がいつまで続くのか，また続いても問題はないのか，と心配しています。

A

息子さんの心のなかには，いくつかのお気に入りの場面があるのですね。その場面で，日々さまざまな戦闘シーンが繰り広げられているようです。

周囲からの呼びかけに気づかないほど遊びに夢中になれるということは，「興味・関心のあることに集中する力がある」ということです。それは，息子さんの長所であり，息子さんが今後生きていく上での「強み」となりましょう。息子さんには，関心のある分野を集中して学習する力があると思われますので，今後は息子さんが関心事を発見できるよう，さまざまな事物に触れることができるような機会を提供してあげると良いでしょう。

また，心のなかに印象的なシーンを記憶し，それらを定着させる力があるようですので，息子さんを自然と触れあえる場所へ連れて行ったり，芸術作品に触れさせる機会をもったりして，世界をどんどん広げていけるよう支援してあげてください。

ひとり言については多くの場合，他者に迷惑をかけることはありません。仮に，小学校以降で試験の時間帯にひとり言を言うような場合には，その時間帯に限定して学校に特別な配慮をしてもらうことにより，解決が可能

です。一生涯のなかで考えると，試験を受けている時間帯などは僅かなものです。周囲の理解と支援で遣り過ごすことのできる程度の特徴ですので，仮に「ひとり言」が長く続いた場合にも，さほど心配なさることはないでしょう。

　また幼稚園でのひとり遊びについては，集団遊びよりもひとり遊びを好むお子さんもおられますので，問題視する必要はないでしょう。たとえば集団での共同作業などで，先生が促したときに集団に入り活動することができているのであれば，自由遊びの時間帯には必ずしも集団で遊ぶ必要はありません。もし，質問者が心配なようでしたら，園の先生に「時々息子に声をかけて，集団遊びに誘ってみてください」などと保護者の希望を伝えておかれるのも一策です。

　家庭では，息子さんに美しい言葉や，あたたかい言葉をたくさん投げかけてあげてください。それらを心地よく聞いて覚えた息子さんは，ひとり言でもあたたかい言葉を発してくれるようになることでしょう。あたたかい言葉のひとり言は，それらを耳にした周囲の人々を明るい気持ちにしてくれるものです。ひとり言が，息子さんと周囲の人々との人間関係を作ってくれる媒体になってくれるとよいですね。

「ばんざい」5歳

第6章
家庭において気になる行動に関するＱ＆Ａ

Q1 「1回でおしまい」の約束が守れず，声がつぶれるかと心配になるほど激しく泣き続けます。(2歳)

2歳の男の子です。癇癪がひどく，気に入らないことがあると1時間ほど泣き叫びます。たとえば昨日は，「アニメーション・ビデオを1回だけ観よう」と約束してから観せたにもかかわらず，観終えてから息子は「もう1回」と言ってききません。泣きながら，暴れたり物を投げたりもします。

反抗期なのかもしれませんが，度が過ぎていると思います。勢いよく泣き続けるうちに声は枯れ，このままでは声がつぶれてしまうのではないかと心配になるほどです。「1回でおしまい」の約束を，どうしたら守らせることができますか。

A 親としては，アニメーション・ビデオを観たいというなら何回でもみせてあげたいし，遊びたいというのなら何時まででも制限なく，遊ばせてあげたいところです。しかしながら，質問者はお子さんの健やかな発達を願って「約束が守れるようになってほしい（自分をコントロールする力をつけてもらいたい）」と思い，その家庭教育が滑らかに進まないことで困惑されています。

今後発達が進み，自分の思い通りにならない場面が生じた際に，その感情を言語で表現できるようになれば，1時間も泣き続ける必要はなくなります。しかし現時点では言語表現能力の未熟さゆえに，お子さんが感情を表現する手段は泣く／叫ぶ／投げる／叩く／蹴るなどにかたよっています。このような発達段階にいるお子さんにとって，泣くこと自体は悪いことではありませんので，泣きたいときには思う存分泣かせてあげましょう。泣くことによって，お子さんの目と口から，言葉で表現できなかった辛い思いが流れていきます。とはいえ，子どもが号泣しているときの泣き声は，

耳を塞ぎたくなるほど大音量の場合があります。したがって質問者は余分なストレスを軽減させるために，子どもの号泣時間帯には耳栓でも活用しながら遣り過ごされるとよいでしょう。ただし，危険がないように見守る視線は向けてあげてください。お子さんが自分や他者の危険につながる行為をした場合には，注意をする必要があります。

　その際，2歳のお子さんですから，言葉数の多い説明を理解するのはまだ困難です。そのため，「指示は端的に」が基本となります。仮に，質問者の口から「ダメ」という言葉が日常的に出ているとするならば，第一に「ダメ」の使用を極力控えてみてください。もしお子さんが危険な物を投げたり，他者を叩いたりした場合には，「ダメ」の代わりに，「ストップ」と言って一旦お子さんの行動を止めてあげることが大切です。そして，「石は投げない」「人を叩かない」などと端的に伝えます。そのとき，お子さんの手に危険な物があれば受け取ります。そして，お子さんが落ち着いたら，通常通りのかかわりを再開してください。

　気持ちの切り替えについては，大人でもむずかしい場合がありますので，あまり神経質にならず気長に進めましょう。その一策としては，「アニメーション・ビデオを1回観よう。その後はランチだよ」などと伝えておくと，お子さんなりに先の見通しをもつことができるようになるでしょう。さらにこれを発展させるならば，まだ文字を読むことができない2歳のお子さんに向けては，イラストで本日の予定表を作り，壁に貼って確認しながら進めていく方法もあります。

Q2 機嫌の良くないときが多く，毎日泣きます。(3歳)

3歳の男の子です。この春，幼稚園の年少組に入園しました。入園前にはそうでもなかったのですが，最近は機嫌が良くないときが多く，毎日のように泣きます。泣く理由は，小さなことです。たとえば，①「歩いている途中で靴のなかに石ころが入ってしまい，泣いた」，②「床に寝転がってＤＶＤを観ていた息子に『からだが冷えて，お腹が痛くなっちゃうよ』と声をかけたら泣いた」，③「絵本を見ていた息子の横を通り，洗濯物を干しに行ったら泣きだした」という具合です。③の場合は，「お洗濯しちゃダメ！」と訴えて泣きました。

こんなにいつもメソメソしていては，幼稚園で友だちにからかわれるのではないかと不安になります。

A

質問者のお子さんは，就園後2ヵ月が経過した状態にいらっしゃいます。幼稚園や保育所に入園した後2ヵ月ぐらいの期間，入園以前に家庭で大切に育てられてきたお子さんのなかには，園で毎日幾度も泣く子がいます。「お母さん！」と言いながら声をあげて泣き続けるお子さんもいますし，遊んでいる最中に時おり「さみしさの波」が押し寄せてきて，ひとりで静かに涙を流しているお子さんの姿も見られます。これらの子どもたちの姿からは，表現方法が個々に異なるものの，それぞれのお子さんが園で精一杯がんばっていることがわかります。

毎年4月から5月にかけての期間，幼稚園や保育所では「お母さん！」という呼びかけとともに，子どもたちの泣き声があちらこちらで響きます。園の先生たちは，集団生活の第一歩を歩み始めた子どもたちの多くが通過するこの発達の過程を，優しい言葉かけとともに見守っています。具体的には，「今日も○○ちゃんは，がんばっているね。給食がすんだら，おうちに帰ってお母さんと会おうね」「○○ちゃんが幼稚園でがんばっていること，お母さんにお話してもいいかな？」などと一人ひとりに言葉かけをし，励まします。

第6章　家庭において気になる行動に関するQ＆A

　一方おうちでは，自分のことを大きな愛をもって見ていてくれる家族がいるということを，確認できるチャンスを毎日お子さんにあげてください。それは，「すべてのわがままを通してあげる」ことを意味してはいません。お子さんが泣いたときには，①短時間でもよいので，ギュッと包み込んであげる，②「だいじょうぶだよ」と言葉かけをする，などの方法で不安を取り除いてあげるとよいでしょう。

　また，普段の家庭生活のなかでは，お子さんの口から「イヤ！」「ダメ！」といったネガティブな発言が出やすくなります。こうした発言は，さらりと聞き流してもよいでしょう。一方で，たとえば③「お母さんは今から洗濯物を干します。一緒に干してくれる人はいらっしゃいませんか？」などとアナウンスしながらお子さんの横を通過するなどの方法で，「お母さんは，○○ちゃんの存在を忘れてはいませんよ」というメッセージを伝えてみるのも一策です。このような働きかけを続けることにより，そのうちお手伝いをしてくれるようになったという事例もあります。

　どんなに力量の高い保育者であったとしても，ご家族の愛情のこもったお子さんへのかかわりには，保育者は決してかないません。お子さんが園で精一杯「よい子でいよう」とがんばることができるのは，あたたかく見守ってくれる家族の存在があるからです。したがって家庭では，お母さん（お父さん）が，お子さんの最強・最善の応援者であることを，日々さまざまな形でお子さんに伝えていってあげてください。

「わたし」5歳

第3部　育てづらさをもつ保護者へのQ＆A

Q3 子どもに「咳払い」の癖があり，気になります。止めさせるにはどうしたら良いのでしょうか？（4歳）

　4歳の男の子です。風邪をひいているわけでもないのに，頻繁に咳払いをします。子どもと一緒にいると，この癖がとても気になるのですが，やめさせることはできるのでしょうか。

A　お子さんの頻繁な咳払いが少なくとも4週間以上12ヵ月間以内で継続されているのであれば，一過性の音声チック症の症状である可能性があります（DSM-Ⅳ-TR）。チック症は，3～4歳頃の幼児期から7～8歳頃の学童期にかけて発症し，その症状には「運動性チック」・「音声チック」と呼ばれるものがあります。運動性チックには，首を振る・まばたきを速く何度もする・顔をしかめる・足踏みをする・前方や上方につんのめるような動きをする等が挙げられます。また音声チックには，咳払いを頻繁にする・鼻をクスンと鳴らす・同じ音を何度も発する等が挙げられます。

　保護者の方々のなかには，「単なる癖では済まされないのでは？　いつまで続くのだろう？」と心配する方もおられますが，多くの場合は一過性（12ヵ月以内）であるといわれています。したがって，過度に心配する必要はありません。むしろ，保護者が心配のあまり，頻繁な咳払い等の気になる行動でお子さんを叱責したり，都度指摘して制止したりすることのないようにし，見守ってあげてください。ここでご理解いただきたいのは，お子さんが「咳払いをしよう」という意識をもって繰り返しているわけではないということです。お子さんの心のなかに居すわっている不安要因や緊張要因等何らかの要因が負担となり，本人が無意識のうちに身体症状として表面化しているものとご理解ください。つまり，お子さんは咳払いという行動によって，心と身体のバランスをとっているのです。

　対応としては，もし保護者の方にお子さんの精神的ストレッサー（ストレス要因）について見当がつく場合には，できるだけそれを取り除いてあげるようにしましょう。また，お子さんが夢中になれる遊びがあるならば，

十分にその遊びをさせてあげてください。もし，お子さんが夢中になれる遊びを未だもたずに時間をもてあましている様子がみられる場合には，お子さんが興味を抱きそうな活動をいくつか提案し，誘ってあげてみてはいかがでしょう。保護者の方が楽しそうに遊んでいる様子を見たお子さんが，夢中になって遊ぶことができる活動を発見することが期待できます。

　前述のような保護者の方による複数の遊びの誘いかけに対しても，お子さんがさほど楽しそうには見受けられず，なお且つ気になる行動（頻繁な咳払い）が継続される場合には，幼稚園・保育所でのお子さんの様子や，お子さんが熱中している遊び等について，保育所・幼稚園の先生に尋ねてみられるのも一策です。園で好きな遊びがわかれば，その遊びを家庭でお子さんと一緒に楽しむことができます。このような楽しい体験の共有により，お子さんの不安が軽減され，気になる行動が減少する場合もあります。

　しかし，気になる行動が長期化したり，時間経過とともに激しくなっていったりする場合には，児童精神科等の受診が必要になります。

「うさぎ」5歳

第3部　育てづらさをもつ保護者へのQ&A

Q4 何度も同じことで注意をするのですが，行動の改善がみられません。(5歳)

5歳の男の子です。テーブルの上のコップを倒し，よく飲み物をこぼします。何度も注意をするのですが，同じ失敗をくりかえします。失敗したときの子どもの表情を見ていると，わざとやっているのではない様子です。とはいえ，行動に改善が見られないと，子どもを注意する親の口調もついつい厳しくなってしまいます。どうしたら良いのでしょうか？

A

お子さんがコップを倒す失敗を繰り返し目にして，保護者は「なぜ行動が改善されないのだろう」という疑問と同時に，「この状態がいつまで続くのだろう」という苛立ちあるいは不安を感じていらっしゃるようです。

お子さんの立場から言えば，まず前提として①「飲み物をこぼしたくてこぼしているのではない」ことがあり，併せて②「飲み物をこぼすたびに大人から注意を受けるのはつらい」，③「コップを倒さないようにと自分なりに気をつけてはいるが，注意がそれたときにうっかりコップを倒してしまう」ということになります。

この件に関して，Z保育所のT先生の実践をご紹介します。T先生が担任する年中児クラスでは，給食の時間には1つのテーブルに4名の子どもが着きます。子どもたちは食事をしながら友だちとの会話に夢中になり，コップを手でひっかけて牛乳をこぼす，という出来事が毎日のようにありました。牛乳をこぼしてしまった子どもは，どの子どもも「失敗してしまった」という表情になり，あわてて布巾を取りに行くのですが，その間にも牛乳は他の子どもたちのテーブルナプキンや洋服にしみ込んでいきます。牛乳をこぼしたテーブルでは，楽しい給食の雰囲気が台無しになってしまう状況でした。

このような日々の状況を残念に思い，T先生は1つのクラス・ルール「コップはテーブルの真んなかに」を設定しました。給食の準備として，

T先生はおかずやごはんを子どもたちに配り終えた後，各テーブルを回り，子どもたちがテーブルの中央に集めて置いたコップに牛乳を注ぎます。その際に，「給食の途中で牛乳を飲むのは良いことです。どうぞ飲んでください」という言葉かけと併せて「コップは給食の時間中，テーブルの真んなかに置きましょうね」と働きかけ，子どもたちと約束を共有するようにしました。この実践の結果，Tクラスでは，コップを倒して牛乳をこぼす子どもがほとんどいなくなりました。

　子どもは，食事をしながら会話を楽しみます。場面が家庭での食事であれば家族を対象に，また幼稚園・保育所の給食やおやつであれば同じテーブルについた友だちを対象に，ときにはジェスチャーをまじえながらたくさんの会話をし，他者とのコミュニケーションを楽しみます。そのような楽しいとき，つまり子どもが会話に夢中になっている時間帯には，他の物への注意が散漫となります。したがって，子どもが手元のコップをうっかり手でひっかけてしまうのは，ごく自然なことなのです。

　T先生の実践では，子どもに，テーブルをはさんで向かい側にいる友だちとの間にコップを置くよう働きかけました。これはすなわち，「一人ひとりの子どもの視野にコップが入っている」という状況をつくり，子どもたちが相互に注意を促しやすい環境を設定したことになります。「何度も失敗を経験し，それが良くないことであると本人が気づいているにもかかわらず，うっかり同じ失敗を繰り返してしまう」という子どもに向けて，T先生はいわゆる「転ばぬ先の杖」を子どもに提供すると同時に言葉かけをし，周囲の事物に注意をはらう習慣を子どもに定着させようとしています。

　T先生の実践からもわかるように，「なぜ，何度も飲み物をこぼすの？」という言葉かけは，お子さんにとって苦痛を与える以外の効果は望めません。したがって保護者の方は，たとえば「〇〇ちゃんが腕をまっすぐ伸ばしたら取れるこの位置にコースターを置いて，その上にコップを置こう」などと言葉をかけながらお子さんの手をとって一緒に体験し，具体的にお子さんがどのように行動すればよいのかを伝えてあげるようにしてください。

第3部 育てづらさをもつ保護者へのQ&A

第7章
園生活に関するQ&A

Q1 保育所での子どもの様子を見て，ショックを受けました。（3歳）

　保育所に入って2ヵ月になる3歳の女の子です。先日，保育所に子どもを迎えに行ったときの話です。普段は，門の辺りで先生に声をかけて娘を呼び出してもらっていました。けれどもその日は先生が見当たらなかったので，保育室の方向へ入って行きました。そこで娘の意外な姿を見つけ，ショックを受けました。

　保育室では，先生が紙芝居を読み，他のお子さんたちがそれを聞いていたのですが，わが娘はひとりで保育室のなかを走り回っていました。娘は，先生のお話などまったく聞いていないように見えました。当日は，何らかの理由で娘の気持ちが特別に興奮し，このような態度になっているのかと思って先生にお聞きしたところ，常々からこのような状態だとのお話でした。

　入園以降，保育士さんからは，娘の様子に関して取り立てて何も連絡がなかったため，園でもみんなと楽しく過ごしているものと思っていました。それに加えて家庭では，たくさん言葉を話し元気よく遊ぶ子どもですので，何ら心配することもなく通園させていました。保育所で，他のお子さんたちとはまったく異なる行動をしている娘を，このまま放任してもよいのでしょうか。また，娘の行動について，先生が何も連絡してくれなかったことを残念に思います。

A 質問者は，家庭では問題なく生活をしている娘さんが，園では思いもかけない行動をしているのだと知り，心配なさっています。質問者の文面を拝見する限りでは，娘さんは「よく動く」という特徴をおもちのようです。

　保育士さんが現時点で何も連絡しなかったのは，娘さんが入園してまだ

2ヵ月しか経過していないことから，娘さんの行動や言動の特徴などを観察しつつ，保育をしていたのではないかと考えられます。入園して間もない時期に，ネガティブな情報を保護者に提供することにより，必要以上に保護者の不安や心配をあおるようなことを回避したともいえましょう。

多くの子どもに共通することですが，子どもが家庭で家族に見せる姿と，園で保育者やクラスメイトに見せる姿とは，異なる場合が多いものです。家庭では，家族が大きな愛で子どもを包み，1名から数名の子どもを中心に据えて養育しておられます。一方，保育所では集団生活が基本となり，たとえば3歳児ですと20名の子どもに1名の保育士が担当することになります。お子さんは，入園以前には家族と過ごす時間帯が長く，20名の子どもと過ごす時間帯を日常的にもつことはなかったでしょう。

保育所では，そのようなお子さんに少しずつ集団生活に慣れてもらえるよう，保育をしています。しかしながら保育者は，お子さんの家庭での姿をよく知っているとはいえません。今回の質問者の保育室訪問により，娘さんの行動が家庭と園とで大きく異なることが発見できました。そのことにより，質問者が不安や疑問を感じられたのであれば，その旨を率直に保育者に伝えてみられてはいかがでしょう。具体的には，①保育者は娘の園生活について，どのような保育目標をもっているのか，②その目標に向けて，保育者は日頃，娘さんにどのような接し方をしているのか，③その接し方に対し，娘さんはどのようなリアクションをするのかなど，質問を投げかけてみられるのも一策です。

大切なことは，保護者の率直な疑問や願いを，保育者に伝えることです。その上で，お子さんにとって最善の利益を生むためにすべき方策を，保育者と一緒に考えていく必要があります。大人が客観的に見れば不自然に見えるような娘さんの行動にも，本人なりの理由があるはずです。その理由が，3歳のお子さんの無意識下にあるとしても，理由は必ずあるものです。保育所以外にも，子育て支援センターやかかりつけ医等にも気軽に相談をして，娘さんの健やかな発達を支援していってあげてください。

第3部　育てづらさをもつ保護者へのQ&A

Q2 幼稚園・保育所に「わが子が発達障害であること」を伝えたほうが良いでしょうか？（3歳）

3歳の男の子です。幼稚園への入園を前にして，医師から「発達障害のある可能性が高い」といわれました。幼稚園の先生に，発達障害であることを伝えた方がよいのかどうか迷っています。

A お子さんに診断がでている場合には，幼稚園・保育所等の通園先にその旨を伝えることにより，お子さんの発達支援につながる可能性が期待できます。幼稚園・保育所等では，教諭や保育士が園生活におけるお子さんの振るまいや言葉，遊び方や仲間づくり等の特徴を観察し，それを通じて個々の幼児の実態を把握しようと努めています。多くの保護者は，家庭でのお子さんの姿はよく知っていても，園でのお子さんの姿は一部しかわかりません。一方保育者は，園でのお子さんの姿をよく知っています。生まれて数年しか経過していない幼児とはいえ，お子さんが家庭と園とで見せる姿は異なるものです。保育者から話を聞くことにより，「わが子が，園では一生懸命がんばっているのだということがわかりました」という保護者もありました。

お子さんの日々の園生活から見えるある顕著な特性が，他の幼児との関係づくりを困難にしている場合もあります。幼稚園・保育所等では，このように園で生き辛そうにしている幼児を「気になる幼児」として特別に配慮をしてかかわっています。具体的には，言葉かけに工夫をしたり，情報の伝え方を変えたり，他の幼児との関係づくりを支援したりすること等が一例として挙げられます。保育者がお子さんに対して「気になる幼児」としての気づきがあったときには，幼稚園では個別の指導計画，保育所では個別の保育計画が作成され，お子さんの発達支援を進める体制を整える流れができます。その際に，発達障害等の診断名が出ている場合には，お子さんへの理解を進める1つの情報としてその旨を園に伝えることにより，個別の支援計画作成がより円滑に進むことが期待できます。その際には診断名だけでなく，医師等から受けたお子さんへの適切なかかわり方のアド

バイス等についても併せて伝えておくことが得策です。

　しかしながら、もし保護者が診断名を伝えたくないと思うのであれば、無理にそれを伝える必要はありません。保護者にとって重要なことは、保護者から離れた場所で保育を受けるお子さんにとって、最善の利益となる発達支援を園で提供してもらうということです。そのために、家庭で見られるお子さんの特徴や、お子さんがパニックを起こしたときの保護者のかかわり方、配慮してほしいこと等、お子さんについての情報を園に伝えて理解を進めてもらうようにしましょう。通園先では、お子さんが他の子どもたちと共に遊び、学びあい、一緒に生活することを通してすべての子どもの発達を願っています。そのことを心において、保育者とたくさん話す機会をもってください。

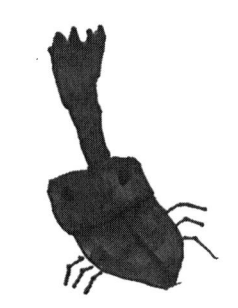

「ぼくがとったカブトムシ」5歳

第 3 部　育てづらさをもつ保護者へのQ＆A

Q3　親として，他の保護者に発達障害の診断名を伝えたほうが良いでしょうか？（4歳）

保育所の年中クラスに通っている女の子です。保育所の先生のお話では，娘はクラスの友だちと仲良く遊ぶことがまだできない様子です。保育所では，友だちが使っている玩具を相手の承諾を得ずに使ったり，ルールを守らないと友だちから指摘されたことで反対に怒り出したりするなど，気ままな行動をしているようです。最近，そんな娘の様子をみる他の保護者さんたちの視線が気になるようになってきました。娘が発達障害であることを伝えた方がよいのでしょうか。

A 発達障害の診断名を他者に伝える場合には，結果としてお子さんとその家族にとって不利益が生じることのないよう，伝える対象を選ぶ必要があります。たとえばあなたと類似した育児上の困難を抱えている親の会のメンバーや，日頃から子育ての悩みを共有している保護者仲間など，あなた自身が信頼のおける対象であれば，お子さんの発達障害の診断名を伝えることによって話がスムーズに進んだり，適切な情報を共有できたりする効果が期待できます。

一方，発達障害に関する知識をまだ少ししかもっていない他の保護者や，不特定多数の保護者には，お子さんの発達障害の診断名を伝えないほうが良い場合もあります。たとえば「自閉症スペクトラム」や「ADHD（注意欠陥多動性障害）」などという用語については，2005（平成17）年の発達障害者支援法施行および2007（平成19）年の特別支援教育開始以降，メディア等を通じて一般社会の人々にも広く行き渡りつつあります。しかしながら，それらの障害特性の理解についてはまだ深く社会全体に浸透しているとはいえないのが現状です。発達障害特性の理解が進んでいない他の保護者にお子さんの診断名のみを伝えることは，それらの保護者に悪意はなくとも，本人たちが無意識のうちにお子さんに対する固定観念を抱いてしまう場合があります。たとえば，「AちゃんはADHDだから，このような子

ども」などというステレオタイプ的なイメージを周囲の大人が定着させてしまい，Aちゃんについてそれ以外の素敵な個性を発見しようとする視線をふさいでしまうことは，Aちゃんにとって非常に不利益なことです。このように不利益な状況が生じないようにお子さんを守る一方で，お子さんへの有効な支援につながりそうな情報を発信していくことは，保護者の重要な役割の1つだといえるでしょう。保護者であるあなたは，お子さんにとって最大の支援者です。その自信をもって，お子さんに関する情報の発信対象と発信内容を選択していきましょう。

　発達障害特性の理解がさほど進んでいない保護者に向けては，お子さんの長所や，支援を要する項目を具体的に伝えるのが得策です。お子さんには，診断名のついた障害特性のほかにもたくさんの特徴があるはずです。お子さんが好む遊びや玩具，得意な分野やすてきな発言など，親として今後のばしてあげたいと思う部分をできるだけ多く発見してください。そして，それらの発達を促進させるために必要となる支援項目について，具体的に伝えていきましょう。幼児期のお子さんは，自分の長所や支援ニーズを言葉で他者に表現することが未熟な発達段階にあります。したがって，保護者であるあなたがそれらを代弁してあげてください。

　また，通園先（幼稚園・保育所・療育施設等）と相談をしながら子どもの発達支援を進めていることも，他の保護者に伝えておくとよいでしょう。

Q4 幼稚園の制服の着用を嫌がります。単なるわがままなのでしょうか？（3歳）

3歳の男の子です。入園当初から幼稚園の制服の着用を嫌がるため，私服で登園させています。私服で登園しているのはうちの子だけです。このままで良いのでしょうか。

A お子さんのなかには，感覚過敏の特徴をもつ子がいます。質問者のお子さんの場合は，触覚の過敏性が高いために一般の人にはさほど気にならないような触覚刺激に過敏に反応していると考えられます。衣類に関する触覚過敏反応の例としては，「特定の生地に嫌悪感を示す」「特定の肌触りの服だけを着る」「アイロンのかかったシャツやブラウスは着ない」「洋服にタグが付いている状態での着用を嫌がる」「洋服の縫い代が外側になるよう，服を裏返しにして着る」などが挙げられます。

触覚過敏のあるお子さんが，肌になじまない衣類を身につけて過ごしていると，違和感のある部分が気になって落ち着かず，注意が散漫になったり遊びに集中できなくなったりすることがあります。また，触覚の不快感による苛立ちから周囲の子どもに対しても怒りっぽくなり，友だち関係を作りづらい状況を招くこともあります。

この件に関して，A幼稚園の先生から次のような事例が報告されています。A幼稚園の制服には冬服と夏服とがあり，冬服はブラウスとズボン／スカート，夏服はポロシャツとズボン／スカートでした。触覚過敏のあるNちゃんは，冬服は嫌がって着用しなかったけれども，夏服については問題なく着用し登園したということです。このことから，冬服に指定されているブラウスの肌触りが，優ちゃんには我慢のできない材質であったものと推察できます。

質問者のお子さんが通う幼稚園の制服は，どのような生地でしょうか。今一度，肌触りを確認してあげてください。そして，園服と同色か類似色で素材の異なる洋服を，お子さんと一緒に探してみられてはいかがでしょう。

第7章　園生活に関するQ＆A

「おそらにばんざい」5歳

第3部　育てづらさをもつ保護者へのQ&A

Q5　幼稚園の先生から，医療機関での受診を勧められました。（3歳）

　3歳の男の子です。1歳半健診で，言葉の発達が少し遅れていると言われましたが，その後，言葉を話すようになりました。ひとりっ子なので，息子は家ではひとりで遊んでいます。遊びに熱中している時間帯は，親が言葉をかけても息子は気づかない様子です。けれども，普段には話は通じます。息子を幼稚園に入園させたところ，園の先生から「一度，病院へ行って専門の先生にみてもらったら」とのお話がありました。息子は，集団生活をするのが難しいとのことでした。息子は，園で友だちに暴力をふるうわけではないし，みんなの活動を妨害しているわけでもないそうです。友だちと一緒ではなく，園でもひとりで遊んでいるということです。園で人に迷惑をかけることなく楽しく遊んでいるだけなのに，なぜ病院へ行かなくてはならないのでしょうか。

A

　たとえば好きなテレビ番組を観ている最中や，趣味のプラモデル製作に取り組んでいる時間帯など，自分の好きな活動に熱中している時間帯には，周囲の人の言葉が耳に入らないという人は珍しくありません。さらに付け加えるならば，雑音が耳に入らないほど夢中になれる対象があり，それに向かう時間帯をもっている人は，長い人生を生きていくうえで幸せな要素をもっている人だといえましょう。

　質問者のお子さんは，その幸せな要素を既にもっていらっしゃるようです。その部分については，今後どんどん伸ばして大きく育ててあげてください。さて，このたび園の先生が質問者に医療機関への受診を勧められた理由については，園でお子さんが他児に迷惑をかけているということではなく，お子さん自身の社会性の発達を考慮されたものと推察します。お子さんは，園の先生にとって「やんちゃな子ども」ではなく，「おとなしくて手のかからない子ども」なのです。残念なことですが，数十人の子どもが集う賑やかなクラスでは，手のかからない子どもは看過されるケースも

あります。それにもかかわらず，質問者の園の先生はお子さんの姿を見過ごそうとはしませんでした。先生の言葉のなかには，お子さんの得意な部分を伸ばす一方で，医療機関と連携してお子さんの社会性の発達をもう一押し支援し，人とかかわる心地よさを十分体験させてからお子さんを小学校へ送りだしてあげたい，との意図が感じられます。

　幼稚園教育の目標の1つとして，「園での集団生活を通して人への信頼感を育て，協同の態度を培う」というものがあります。たとえ，家庭ではお子さんと家族との間ですでに強い絆が形成されている場合であっても，お子さんが即，社会で適応するとは限りません。幼稚園では家族以外の他者と「一緒に遊ぶ」「力をあわせて作る」などのかかわりを通じて社会性をはぐくもうと実践していますが，園の先生はお子さんへのより高い教育効果を求めて，保護者や医療機関との連携を求めておられるものと考えられます。よりたくさんの支援者がお子さんを応援することにより，お子さんのみならず，保護者の気持ちも楽になるのではないでしょうか。

　したがって質問者は，必ず病院へ行かなければならないのか，と考える必要はありません。子育て支援センターや児童相談所，発達支援を行うNPOや親の会など，質問者が気軽に扉をたたくことのできる機関・グループを利用することによって，お子さんの支援者を増やしていきましょう。

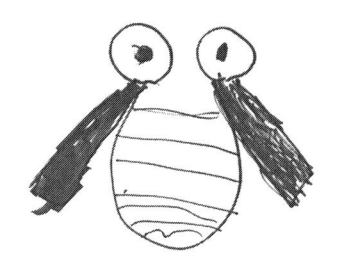

「あぶらぜみ」5歳

Q6 幼稚園の園長から、特別支援の承認を求められました。(4歳)

4歳の男の子です。入園して1ヵ月後に、園長から「お子さんに特別な支援をするため、先生を加配してもよろしいでしょうか」と尋ねられました。息子は身体が大きい上に、腕力も他のお子さんより強い方だと思います。そのため園でお友だちとけんかになると、相手にけがをさせてしまうとのことです。お友だちにけがをさせるのは良くないことだと思いますが、息子にひとりの先生が常にはり付くのは不自然ではないでしょうか。もし、息子に特別な先生が付けば、他の保護者や園児さんたちから、息子が特別視されるのではないでしょうか。そう考えると、入園して半年が経過した現在も、まだ園長の申し出を承認する気持ちにはなれません。

A

質問者は、息子さんが園で乱暴な行動をとり続けていることを心配すると同時に、その乱暴な行動によって他のお子さんにけがをさせるのを良くないことと認識しておられます。しかし一方で、加配の教諭が息子さんにつくことによって、周囲のお子さんや保護者から特別な視線を浴びるのではないかという不安を抱いておられます。

現在のお子さんの実態は、①身体的発達と②怒りの感情をコントロールする能力（怒りのコントロール力）、③力加減をコントロールする能力（ちからのコントロール力）の発達が、まだバランスよく進められてはいない状態です。したがって、友だちとトラブルがあるとカッとなって、つい叩いてしまうことがあります。

質問者は、教育関係のお仕事に従事なさっているのでないとすれば、加配教諭とはどのような位置づけで、どのような役割を担うのか、と疑問に思われることと思います。そこで、加配教諭についてご説明します。幼稚園の加配教諭は、個々のお子さんの実態に即して適切な教育的支援を行うことになっています。したがって、必要以上にお子さんにはり付くことはありません。基本的に、お子さんが自分でできることは自分でしてもらい

ます。しかし一方で，特別な教育的ニーズがある部分については，支援の手を差し伸べます。仮に加配教諭がついたとしても，当然ながら加配教諭は質問者のお子さん1名とだけかかわるというわけではありません。加配教諭は幼稚園教諭免許を所持する教諭ですので，支援対象のお子さんを含む周囲のお子さんに，自然にかかわっていきます。

　幼稚園では，数十名の子どもたちが1つのクラスで幼児教育を受けています。個別のケアの手厚さという意味においては，家庭とは比較になりません。したがって，特別な教育的配慮を要するお子さんにとっては，お子さん自身の利益が期待できるサービスだといえます。なお特別な教育的配慮とは，質問者のお子さんの場合は，「①身体的発達と②怒りのコントロール力，③ちからのコントロール力の発達を，バランスよく進められるような配慮」となります。本書の説明により，お子さんにとって利益が期待できるサービスであることをご理解いただけた場合には，特別支援のサービスを享受なさってみてください。

「バスに乗っている自分のかお」3歳

第8章
進路に関するQ&A

Q1 幼稚園か保育所，どちらに入園させようかと迷っています。（2歳）

2歳の女の子です。まだ集団生活をさせたことはありません。近所に幼稚園と保育所とがあり，子どもが3歳になったらどちらかに通園させようと思っています。あまり親になつかない子どもなので，「先生に馴染むことができるだろうか」「友だちと仲良くできるだろうか」「集団生活をやっていけるのだろうか」と少し心配なこともあります。幼稚園と保育所のどちらに通わせようかと迷っていますので，アドバイスをお願いします。

A 幼稚園にしても保育所にしても，いずれについてもいえることなのですが，各園が採用している保育形態というものがあります。この保育形態には，「設定保育」「自由保育」「設定保育＋自由保育」があります。設定保育を採用している幼稚園では，毎日一定の時間帯，クラスメイトと一緒に1つの活動をします。たとえば，午前10時頃から昼食までの時間帯に「なわとび遊び」をし，昼休みを経て午後2時頃までの時間帯には「おりがみ製作遊び」をするというように，毎日主となる活動が設定され，実践されます。また，同じく設定保育を採用している保育所については，前述の幼稚園の午前10時から午後2時までの活動と同様の保育内容を中心として，午前7時頃から10時頃までの時間帯と，午後2時頃以降7時頃までを自由遊びに充てている施設が多くみられます。

一方，自由保育を採用している幼稚園・保育所では，たとえば「ままごと遊びコーナー」や「ブロック遊びコーナー」などといった遊びの場が設定されている施設が多くみられます。このように自由保育の園では，子どもが安心・安全に心おきなく遊びに熱中できるよう，園が遊びの環境を整備した上で，子どもが好きな遊びを選択します。

第 8 章　進路に関する Q＆A

　いずれの保育形態をとる園についても，食事や手洗い，歯みがき，午睡，排泄，着替えなどという基本的生活習慣習得に関する活動は採り入れられています。

　図 1 に，保育形態別 1 日の活動例（年中児クラス）を示しました。通園先を選択する際には，各園の保育形態を確認の上，お子さんの性格や遊び方の特徴等と照らして考慮されるとよいでしょう。毎日異なるさまざまな新しい活動を体験させ，将来のお子さんの興味・関心の幅を広げさせてあげたいとお考えの場合には，設定保育の園を選択されるとよいでしょう。一方，お子さんが興味を抱いた遊びを，安心して本人が満足するまで思う存分させてあげたい，と願っておられる場合には，自由保育の園を選択されるとよいでしょう。

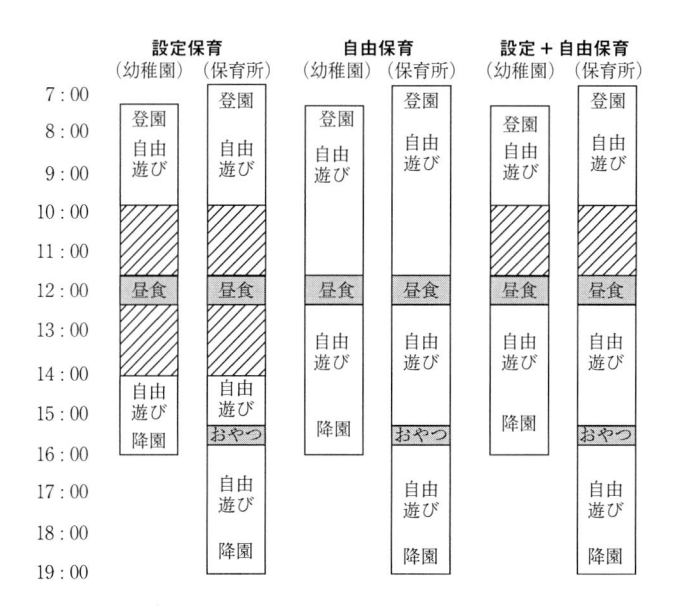

////// の時間帯には、毎日異なる主活動が設定されます。

図 1　保育形態別　1 日の活動例（年中児クラス）

第3部　育てづらさをもつ保護者へのQ&A

Q2　親の会では，小学校のことを教えてもらえるのでしょうか。（5歳）

5歳の男の子です。発達障害の診断をすでに受けています。来年度の小学校入学時には，特別支援学級か普通学級か，どちらに入るかを選択する必要があると聞きました。いろいろとわからないことばかりなのに，選択せよといわれても困ってしまいます。親の会に入ると，小学校のことを教えてもらえるのでしょうか。もし入会すると，何らかの役員をやらなければならないのでしょうか。

A　親の会では，何らかの育児困難を抱えている子育て真っ最中の保護者や，子育てに一段落した先輩保護者など，さまざまな保護者たちに出会うことができます。全国にはたくさんの親の会があり，その規模はNPO法人から数名のグループまで，大小さまざまです。

　親の会では保育所・幼稚園・学校や医療機関，療育機関，レクリエーション，レスパイト・サービスなどに関する情報や，その他の保護者の関心事について情報交換が精力的に行われています。さらに，親の会は行政機関とは異なりますので，参加すれば非公式の情報，いわゆるオフレコ情報を得ることもできます。たとえば，「発達障害に詳しい上に熱心にかかわってくださる医師」の情報や，「障害のあるお子さんの特性理解を進め，保護者との連絡を密にとって連携してくれる幼稚園・保育所」に関する口コミ情報，また「校長の優れたリーダーシップにより，特別支援教育を積極的に推進している小学校」の情報など，あらゆる情報が活発に交換されています。

　ある親の会メンバーのお話では，急用が発生し，普段利用している児童デイサービスセンターへの利用申し込みが困難な事態になると，同じ会に所属する地域の「ママ友」に預かってもらうことにより窮地を脱しておられるとのことです。

　このように，「保護者同士，困ったときはお互いさま」という精神で相

互に助け合うことにより，親の会メンバーの方々は自分が追い詰められて動きがとれない状況に立たされたときのために，上手に逃げ道をつくっておられます。このような保護者同士の横のつながりは，障害のあるお子さんのみならず，発達上に課題のあるお子さんの保育・教育の発展に向けて，非常に重要な役割を担っています。

また，質問者が心配されていたことに，「役員を押し付けられるのでは」という項目がありました。この件について複数の親の会代表者にお尋ねしてみたところ，親の会に入会したからといって，役員を無理に担当させられるようなことはないとのことでした。その点はご心配なさらず，まずは電話などで気軽に問い合わせてみられることをお勧めします。

就学にあたり，小学校の特別支援学級か普通学級か，どちらの学級を選択するのがお子さんの利益につながるのかについても，より多くの先輩保護者の意見や体験談を聞いた上で，お子さんの性格や特徴と照らしてじっくり選択なさるのが得策でしょう。

筆者が子どもの発達支援をする者として最もなくなってほしいと願う状況は，保護者が育児不安・育児困難を抱えながら誰にも相談できずに孤立しておられる状況です。近年，保護者支援のネットワークは広がりつつあります。もし，残念なことに質問者が家族や周囲の人々から理解や協力が得られない状況にあるならば，勇気をだして地域ネットワークの一員としての第一歩を踏み出してくださることを願ってやみません。

「パパのくるま」3歳

第3部　育てづらさをもつ保護者へのQ＆A

Q3 子どもの特別支援学級入学を義理の両親に理解してもらうには，どうしたらよいのでしょうか。（5歳）

知的障害のある5歳の男の子です。小学校の特別支援学級あるいは特別支援学校への就学を考えています。主人の両親は，息子の発達の遅れには気づいているようですが，知的障害があることや，手帳を所持していることまでは知りません。主人の両親とは別居をしていますが，県をまたぐほど遠距離ではないので，いずれわかってしまうのかもしれません。息子が小学校の通常学級に就学するものと思っている義理の両親に，特別支援学級あるいは特別支援学校への就学を理解してもらうには，どうしたらよいのでしょうか。

A 何らかの発達課題のあるお子さんの保護者のなかには，義父母のみならず実父母や兄弟姉妹，親戚の方々に対し，お子さんの発達課題に関する情報を公開していない方々がいらっしゃいます。また一方では，すべての人々に向けて公開し，広く支援を求めていかれる方々もあります。この件については，質問者とご主人をはじめ，義父母のキャラクターや考え方の特徴などを考慮の上，情報公開の量・質・時期を決定する必要があるでしょう。

何よりも，お子さんにとって最善の学習環境となる学校を選択することが最優先であり，質問者がそのことを十分に認識しておられるからこそ出された質問だと思います。したがって第一に必要なことは，質問者とご主人との十分な話し合いを通して，就学先を決定なさることです。

質問者の文面からは，学校種による世間体や社会の偏見よりも，まずお子さんの学習環境を整えることを優先なさっているように拝察します。しかしながら，義父母や親類の方々が皆，質問者と同様の考えをもっておられるとは限りません。仮に，今後お子さんの教育に関して義父母に大きな支援を求めておられるのであれば，就学先決定段階から相談するのが良策なのかもしれません。けれども，差し当たりそのような要望がない場合には，2名の保護者が就学先を決定し，就学先のお知らせについては，その有無も含めて時期をみる形でも良いのではないでしょうか。

第8章　進路に関するQ＆A

　質問者は，義父母や親類の方々と円満にお付き合いしていこうとお考えなのだと思います。たとえ，質問者がお子さんの障害や就学先についてすぐに公表しなかったとしても，後に公表したとしても，あるいは生涯非公開とした場合でも，誰からも責められるものではありません。この件については，ご夫婦でじっくりと相談されることをお勧めします。

　お子さんに障害があることにより，親類とのお付き合いが疎遠になる方は少なからずいらっしゃいます。このような経験をおもちのひとりであるMさん（J親の会代表）は，次のようなお話をしてくださいました。

「障害のあるわが子と出会ったことにより，同じ悩みをもつ保護者たちと出会うことができました。そして，親として，人間として成長することができました。今は，J親の会の活動が生きがいです」

「ぼく」3歳

第9章
家庭環境に関するQ&A

Q1 ステップ・ファミリーで，娘が情緒不安定です。(5歳)

長男が小学3年生，長女が幼稚園児（5歳），次男が2歳です。2年前より，ステップ・ファミリー（再婚によって生まれた新しい家族）を築き生活しています。長男・長女は前夫との間に，次男は後夫との間に授かった子どもです。後夫は，3名の子どもに分けへだてなく接してくれています。

5歳の娘が癇癪もちで，幼稚園でも家庭でも大暴れするため困っています。気に入らないことがあると大声で泣き叫び，その後はすねてしまいます。さらに，自分が叱られそうな状況になると，家庭では平然と弟のせいにして逃げようとします。また，日常的に嘘もつきます。それは，大人の視点からは簡単に見破ることのできる嘘ですが，子どもの世界ではどうなのでしょうか。幼稚園や，その先の小学校で友だちから「嘘つき」と呼ばれ，嫌われるのではないかと心配です。

A 質問の文面からは，質問者とご主人が，3名のお子さんに分けへだてなく愛情を注ぎ，接しておられることが伝わってきます。

5歳のお子さんは，現段階で可能な限り，精一杯の自己アピールを無意識のなかで行っています。それは，「私はここにいる。私の存在を忘れないでいて欲しい」という願いをもったアピールに他なりません。2歳の弟にお母さん・お父さんの愛をもっていかれないよう，懸命にもがいています。質問者は，そのことを既にお気づきのことと思います。だからこそ，娘さんの理解者のいる家庭はともかく，理解者・支援者の有無が不明な幼稚園や小学校では，周囲の人々から嫌われるのではないかとご心配なのですね。

「失敗を他者のせいにして非難を逃れようとする行為」は，確かに幼稚園でも小学校でも敬遠されがちです。それは，子どもの世界で敬遠される

にとどまらず，幼稚園や学校の先生方がしっかり指導していこうとする部分でもありましょう。

　この件に関する家庭での教育的戦略の例としては，「犯人さがしをしない」という方法があります。たとえば，玩具が室内に散乱しており，その張本人が5歳の娘さんだと知っている場合には，「〇〇ちゃん，玩具を片付けなさい」と言いたいところです。すると娘さんは，「弟の△△がやった」と言って逃げようとします。これと類似した状況は，幼稚園・保育所でも起こります。以下に，犯人さがしをしないで子どもを啓発するT保育者のかかわり方をご紹介しますので，参考にしていただければと思います。

　園では，先生が「お片付けの時間だよ」と言葉かけをすると，それまで遊んでいた玩具の場所から静かに遠い場所へと移動する子どもがいます。また，トイレに行くといってその場を離れ，片付けが終了した頃あいを見計らって戻ってくる子どももいます。このような一部の子どもたちの姿を確認した上で，その子どもたちと視線を合わせるものの，敢えて個人的に注意はしません。その代わりに，誠実に片付けを行っている子どもを称賛します。がんばっている子どもの名前を一人ひとり呼びながら，言葉かけをします。けれども，「協力しない子は誰ですか？」などという犯人さがしは一切しません。そして，常々逃げていた子どもがある日，少しでも片付けることができた場合には，他の子どもと同様に称賛します。

　「先生は，自分を見ていてくれる。よい行動をしたときには，それを認めて褒めてくれる」と気づいたとき，それ以降その子どもはクラスに協力するようになっていきます。ここでご紹介したのは，集団の良さを生かした1つの教育方法ですが，家庭でも応用可能なものです。娘さんが嘘をついたり，弟のせいにしたりしなくても済むように，犯人さがしをすることなく，「玩具が出ているね。〇〇ちゃん，一緒に片付けましょう。そして，一緒にご飯にしましょう」などといって誘い，一緒に片付けてみてください。そして，できたときにはたくさん褒めてあげてください。

第3部 育てづらさをもつ保護者へのQ＆A

Q2 聴覚障害のある弟をもつ長女への接し方を教えてください。（5歳）

5歳の女の子です。2歳の聴覚障害児の弟をもつ娘は，一見しっかり者に見えます。けれども本当は，「私がしっかりしなくては」と精一杯がんばっているのだと思います。親が聴覚障害児の長男にかかわる時間が長くなるため，その分長女にかかわる時間が少なくなり，申し訳なく感じています。長女とてまだ5歳，親に甘えたい気持ちはあるはずなのに，気丈に振舞います。まるで小さな母親のように弟の世話を焼いてくれる娘がふびんです。時折，寂しそうな表情を見せることがあり，我慢しているのだろうと感じます。娘にとっても，子ども時代は1回限りですので，楽しく過ごさせてあげたいと思います。娘とは，どのような接し方をすればよいのでしょうか。

A

娘さんは，とてもがんばり屋さんですね。大好きなお母さん・お父さんが，かわいい弟をケアする姿を見て，何か自分に協力できることはないかと探してくれているのでしょう。姉弟の間では，すでにノンバーバル・コミュニケーション（非言語コミュニケーション）は成立しているものと考えられます。今後は手話や，文字などのバーバル・コミュニケーション（言語コミュニケーション）手段によって，意思疎通や情報交換が進められるようになると，さらに姉弟間の絆を強くしていくことができるでしょう。

ここでは，聴覚障害のある兄をもつ女子大学生（Gさん）の事例をご紹介します。Gさんは子どもの頃，親御さんから「将来，親が他界した後には，弟の面倒をみてほしい。そのために第二子（Gさん）を出産した」という内容の言葉を聞きつづけて育ったそうです。その言葉通り，両親の期待を守りつつ，「自分でできることは，何でも自分でしなければならない」と言い聞かせて毎日を送り大学生になったGさんは，心の葛藤を大学教員に打ち明けました。それは，「他者に甘えるということができなくて困っている」というものでした。

誰にでも，得意な分野と苦手な分野があるものです。一般に多くの人々

は，苦手な分野は他者に任せ，得意な分野で自己の能力を発揮しながら生活しています。つまり，周囲の人々と相互に助け合って日々を過ごしているのです。けれども，「私がしっかりしなくては」と自分に言い聞かせて生きてきたGさんには，たとえ苦手な分野であっても，他者に物事を依頼し任せることができないのだといいます。そして，自分の能力に限界を感じ，葛藤していました。「人に甘えることができたら，どんなに気持ちが楽だろう」Gさんは，涙を流しながらそれまで心に封じ込めてきたものを示してくれました。

　質問者は，娘さんと息子さんが大切な子どもたちであることを，これまでにも示してこられたことと推察します。そして今，あまりにもがんばり過ぎているのではないかと思われる娘さんにしてあげられることをお探しです。たとえば，週に1回か2回，可能な範囲で娘さんに保護者をひとり占めさせてあげるというのはいかがでしょう。そして，たくさん甘えさせてあげてください。同時に，「世界でたった2人だけの姉弟だから，ずっとずっと仲良くね」と話してあげてみてください。

「おでかけ」5歳

コラム8 親や家族を理解するために

　障害児者の自己決定を尊重したり，利用者主体のサービスを提供したりすることがこれからの指導，援助では不可欠となります。しかし，障害の重度化からなかなかそうした事態が困難である場合があり得ます。そのようなときに，アドボカシーといって，その人の立場に代わって利益を主張していく，人権擁護活動が大切になってきます。利用者を長年見続けてきた親や家族による代弁はもちろんのことですが，社会的に不利な立場に置かれないように家庭環境の調整も大切になってきます。

　一方，親や家族を支援する方法として近年レスパイトサービスといった活動が各地に広まりつつあります。障害児者をもつ親，家族を一時的に一定の時期，その障害児者の介護から解放することによって，日頃の心身の疲れを回復し，ほっと一息つけるような援助とされています。

　地域で障害のある本人が生活基盤を得ていくためには，家族のかかわりを資源の1つとして家族の介護力を維持し，高めていくことが課題でもあると考えられます。地域の実情を変え社会が障害児者を受け入れていくように社会側が変革していくことにレスパイトサービスの信条があります。

おわりに

　編者は、約20年近くにわたって、これまで少しずつではありますが保育所、幼稚園、通園施設にお邪魔して事例検討会を継続させてきました。その幼児期のいくつかの事例に共通してみられるのは、発達障害のある幼児が育っているときは、第一に、保育者との関係が築かれ深まっていくこと、これは別の言い方をすれば保育者に「子どもがみえてくる」といった過程でもありましょう。また、園全体での子ども理解がなされていく過程でもありましょう。

　第二に、親子関係がそれまでよりも安定してくることがあげられます。親子関係を築くことで親が子育ての先を見通せたり、ほっとひと安心できたりすることの重要さを感じます。

　まさしく保育は人と人との関係づくりといえます。

　本書を書き終えて感じたことは、子どもが力を獲得していく過程を大切にすることがいかに重要かということです。第2部の実践編を読んでいただくと、その保育過程で、子どもの内面の育ち、個と集団のなかでの育ち、親や保育者の子どもをみる目の変化などを読み取ることができると思います。さらに、第3部のQ＆Aを通しては、主に親が子育て支援・親支援をしていく際のハウツーがまとめられ、明日の保育に活用できると思われます。

　子育てしにくい、子育ちしにくい社会なのかもしれません。しかし、目の前にこれからのわが国を背負っていく子どもたちがいるのです。その生き生きとした子ども像こそ創造していくのが保育・教育の本質ではないでしょうか。

　ところで、編者も現在の大学での研究者になる前に、名古屋市の教諭として、特別支援学級と特別支援学校において、学齢期と青年期の障害児教育の実践を13年間携わってきた経験があります。今ふりかえりますと、障害のある子どもたちの笑顔・意欲と親の喜びが明日の指導・援助のバックアップになっていたことを思い出されます。本書は、このように実践を重んじる見解から、その実践をさらに拓くために執筆してみました。本書の題名もこの問題意識からこのようになりました。

　障害児の教育や福祉の世界には、いくつかの先駆的実践家の名言が語り継がれ

ています。その1つに編者が大切にしてきた言葉が、長崎で戦後に障害児教育福祉を開拓した近藤益雄先生（1907～1964年）の「のんき　こんき　げんき」です。さりげない言葉なのかもしれませんが、編者が継続してきた研修会・研究会や事例検討会などの場で紹介してきました。まさしく障害児の指導・援助をしていく人にとっては、この姿勢こそが子どもたちの発達を促すことになっていくと確信させられます。

　本書は、まだまだ拙い内容ではありますが、第1部の理論編は小川が執筆担当し、第2部の実践編は「障がいのある幼児のための研究会」（愛知教育大学幼児教育講座　小川研究室事務局）で発表された実践を、第3部のQ＆Aは平成22年度の愛知教育大学幼児教育選修で小川ゼミの6人の学生（安藤美咲、加藤里奈、小嶋麻沙未、花井里沙、安井敦子、山田真弓）が「総合演習」のなかで行った調査研究をもとに、高尾淳子（愛知江南短期大学）がまとめたものになっています。また、本書で紹介した絵は至学館大学附属幼稚園の子どもたちの作品です。

　読者の皆様の忌憚のないご批評、ご指導をいただければなにより幸いです。それを今後の糧とさせていただき、よりいっそうの精進を重ねたいと考えています。

　最後になりましたが、刊行に至るまで多大なご協力と励ましをいただきました福村出版の宮下基幸取締役ならびに編集部の松永幸枝さんに深く感謝申し上げます。

平成23年9月吉日
編者　小川英彦

【編　者】
　小川　英彦（おがわ ひでひこ）　愛知教育大学幼児教育講座

【執筆者】＜執筆順、（　）内は執筆担当箇所＞
　小川　英彦（おがわ ひでひこ）　編　者　　　　　　　　　（第1部・はじめに・おわりに・コラム）
　近藤　くみ子（こんどう くみこ）　竹の子幼稚園　　　　　（第2部1）
　山田　直美（やまだ なおみ）　前 竹の子幼稚園　　　　　（第2部2）
　想厨子　伸子（そうずし のぶこ）　至学館大学附属幼稚園　（第2部3）
　右髙　瑞恵（みぎたか みづえ）　至学館大学附属幼稚園　　（第2部4）
　石川　真由美（いしかわ まゆみ）　愛知教育大学大学院生　（第2部5）
　水野　恭子（みずの きょうこ）　愛知教育大学大学院生　　（第2部6）
　櫻井　貴大（さくらい たかひろ）　　　　　　　　　　　　（第2部7）
　野村　敬子（のむら けいこ）　中部学院大学短期大学部　　（第2部8）
　高尾　淳子（たかお あつこ）　愛知江南短期大学　　　　　（第3部）

第3部協力者
　安藤　美咲　　加藤　里奈　　小嶋　麻沙未
　花井　里沙　　安井　敦子　　山田　真弓
　（愛知教育大学幼児教育選修の小川ゼミ4年生）

イラスト
　至学館大学附属幼稚園の子どもたち

気になる子どもと親への保育支援
―発達障害児に寄り添い心をかよわせて―
2011年9月30日　初版第1刷発行

編著者	小 川　英 彦
発行者	石 井　昭 男
発行所	福村出版株式会社

〒113-0034　東京都文京区湯島 2-14-11
電話　03-5812-9702　FAX　03-5812-9705
http://www.fukumura.co.jp
印刷　株式会社文化カラー印刷
製本　協栄製本株式会社

© H. Ogawa 2011
Printed in Japan
ISBN978-4-571-12116-6 C1037
落丁・乱丁本はお取り替えいたします。
定価はカバーに表示してあります。

福村出版◆好評図書

徳田克己・田熊 立・水野智美 編著
気になる子どもの保育ガイドブック
●はじめて発達障害のある子どもを担当する保育者のために
◎1,900円　ISBN978-4-571-12110-4　C1037

気になる子どもの入園前～就学援助に至る保育と保護者支援を園内外との連携も含め具体的にわかりやすく解説。

水野智美・徳田克己 編著
保育者が自信をもって実践するための
気になる子どもの運動会・発表会の進め方
◎1,700円　ISBN978-4-571-11600-1　C1337

園行事に気になる子どもを参加させる際のポイントを，成功例・失敗例をまじえてわかりやすく具体的に解説。

西館有沙・徳田克己 著
保育者が自信をもって実践するための
困った保護者への対応ガイドブック
◎1,700円　ISBN978-4-571-11601-8　C1337

事例ケースに基づき，保育者が保護者と良好な関係を築くために必要なノウハウを具体的にわかりやすく解説。

太田俊己 監修／日本特殊教育学会北海道自主シンポジウムグループ 編著
発達障害児らの今と明日のハッピーを支える
◎2,500円　ISBN978-4-571-12113-5　C3037

特別支援教育の関係者たちが「個に応じた教育実践」を追求し，議論し続けた学会シンポジウムでの11年の実践報告。

家庭的保育研究会 編
家庭的保育の基本と実践〔改訂版〕
●家庭的保育基礎研修テキスト
◎2,400円　ISBN978-4-571-11027-6　C3037

家庭的保育者に義務づけられる基礎研修内容を，厚労省のガイドラインに基づき網羅。事例満載の基本テキスト。

繁多 進 監修／向田久美子・石井正子 編著
新 乳幼児発達心理学
●もっと子どもがわかる 好きになる
◎2,100円　ISBN978-4-571-23047-9　C3011

新幼稚園教育要領と保育所保育指針の改定を受け改訂。子どもの発達がわかりやすく学べる乳幼児発達心理学の書。

徳田克己 著
おすすめします！育児の教科書『クレヨンしんちゃん』
●生きる力を育むマンガの読ませ方
◎1,400円　ISBN978-4-571-11026-9　C0037

子どもの育ちに良い影響を与えるマンガの効能と読ませ方を，心理学者が研究にもとづいてわかりやすく解説。

◎価格は本体価格です。